まえがき

　2018年2月12日と13日、岡山県瀬戸内市の瀬戸内市民図書館もみわ広場にて、「住民とともに、つくり、育てる図書館とは」をテーマとして、第44回研究集会を岡山支部の協力及び瀬戸内市教育委員会の後援により開催しました。集会開催前に、会場である瀬戸内市民図書館もみわ広場の見学を行いました。

　嶋田学氏（瀬戸内市民図書館もみわ広場・館長）による講演「瀬戸内市民図書館ができるまで〜もちより・みつけ・わけあう広場をめざして〜」を始めとして、研究発表9本が行われました。

　発表内容は以下のとおりです。

研究発表

1　徳留絵里「公共図書館におけるアニマシオンの取り組み」
2　豊田高広「イノベーションとしての課題解決支援サービス：静岡市立図書館と田原市図書館での経験から」
3　巽照子「わがまちの学校図書館づくり」
4　明定義人「児童サービスのこれからを考える」
5　大河原信子「学びの環境を耕す──津山市立図書館との連携」
6　中川卓美「サインは自由に考える──人と棚とをつなげるツール──」
7　大澤正雄「戦後日本の図書館発展に寄与した図問研の60年」
8　高野淳「武雄市図書館の登録者数について」
9　長谷川豊祐「神奈川県内の図書館における館種を越えた連携：神奈川県内大学図書館相互協力協議会の発足から神奈川図書館協会への統合まで」

　『図書館評論』第59号は、この第44回研究集会の発表をもとにした論文で構成しています。
　図書館についての問題を考えたり、運営したりする際にこの『図書館評論』に掲載された論文が参考になれば幸いです。
　最後にお忙しいなか、論文を執筆していただいた皆様にお礼を申し上げます。

2018年6月
図書館問題研究会理論研究部
文責：稲垣真穂

図書館評論　no.59 ───目次

《研究集会編》

公設公営による図書館整備と運営　──嶋田学..........3
──瀬戸内市民図書館の事例から

学びの環境を耕す　──大河原信子／〔資料協力〕菊入典子..........16
──津山市立図書館の地域連携

武雄市図書館の登録者数について　──高野淳..........25

公共図書館における
読書のアニマシオンの取り組み　──徳留絵里..........29

イノベーションとしての
課題解決支援サービス　──豊田高広..........39
──静岡市立図書館と田原市図書館での経験から

サインは自由に考える　──中川卓美..........47
──人と棚とをつなげるツール

神奈川県内の図書館における
館種を超えた連携　──長谷川豊祐..........55
──神奈川県内大学図書館相互協力協議会の発足から神奈川県図書館協会への統合まで

児童サービスのこれからを考える　──明定義人..........69

戦後の図書館界を支えた図問研　──大澤正雄..........76
──図問研60年の歴史に学ぶ

教育のなかの学校図書館を考える　──巽照子..........92
──わがまちの学校図書館づくりから

公設公営による
図書館整備と運営
──── 瀬戸内市民図書館の事例から

瀬戸内市民図書館

嶋田 学
しまだ・まなぶ

本稿は、公設公営による図書館整備と運営に政策価値をおいた瀬戸内市の取り組みを中心に、そのプロセスと現状をまとめたものである。他の図書館運営についても若干論じるがそれは個人的な発言であり、組織を代表するものではないことをお断りする。

はじめに...3
1. 瀬戸内市の図書館...3
2. 全庁的な整備検討体制の構築.............................4
3. 「政策調整課」への配属.....................................4
4. 開設準備作業と並行して取り組んだこと.........5
　　4.1. 現市立図書館・公民館図書室の運営改善......5
　　4.2. 市内全保育園・幼稚園への移動図書館車巡回......5
　　4.3. 学校図書館をマネジメントするという支援......5
5. 持ち寄り・見つけ・分け合う広場.....................7
6. 瀬戸内市　としょかん未来ミーティング.........8
7. 市民が創る「市民の図書館」.............................10
8. 公設公営による整備と運営...............................12
　　8.1. 様々なアクターとの協働による図書館整備......12
　　8.2. 直営だからこそのフットワークと連携......13
おわりに...15

はじめに

　岡山県瀬戸内市民図書館は、2016年6月に開館した。その整備事業は、6年あまりに渡ったが、その特色は自治体が計画づくりを市民とともに協働で積み上げていったことである。指定管理者制度による図書館施策のアウトソーシングが進む中、瀬戸内市では、図書館は直営で運営されるべきであるとの基本的な考えのもと、その整備計画づくりのプロセスに可能な限り市民の意見を盛り込む取り組みを行った。そのことは、計画づくり、建築設計に市民参画をもたらすということを越えて、市民の図書館施策に対する当事者意識をも醸成できたのではないかと考えている。

　本稿では、図書館整備計画づくりのプロセスと開館後における市民との協働や、行政各部局との連携事業について述べ、公共図書館の経営形態の在り方について論じるものである。

1. 瀬戸内市の図書館

　瀬戸内市は、2004年11月1日、旧邑久郡

の牛窓町、邑久町、長船町が合併してできた面積125km²、人口約39,000人の市である。

合併前の図書館の設置状況は、旧牛窓町にのみ町立図書館があり、旧邑久町及び旧長船町は、公民館図書室を有していた。合併直後は、牛窓町立図書館を瀬戸内市立牛窓図書館とし、これらの施設をそのまま引き継いだ。

2010年4月には、2004年の台風による高潮で床上浸水した牛窓図書館を牛窓支所2階に移転し、牛窓町公民館図書室として再開した。同時に、市内の図書館施設がなくなるため、新図書館建設までの措置として中央公民館図書室が瀬戸内市立図書館となった。各図書館・室はオンラインネットワークで結ばれており、物流も週4回連絡便が巡回されている。

「岡山県内公共図書館調査 平成24年度（平成23年度分）」によると、瀬戸内市立図書館は、住民1人当りの蔵書数、貸出冊数において24団体中、最下位となっている。これまでも図書館整備の必要性は検討されていたが、財政状況の不安もあり整備が浮上することは残念ながらなかった。

2. 全庁的な整備検討体制の構築

2009年7月に就任した武久顕也市長は、図書館の整備を市の重要施策と位置付け、翌10年10月には桑原真琴副市長を総括とする瀬戸内市新図書館整備検討プロジェクトチーム（以下、図書館PT）を全庁的な組織として立ち上げ、「新瀬戸内市立図書館整備基本構想」（以下「基本構想」）の策定作業に入った。また同時に市長の判断で「基本構想」の策定に合わせて館長候補者を全国公募することを決め、私が2011年4月に入職することとな

った。

幸い、「基本構想」の策定中に図書館PTのメンバーに入ることができたので、私の考え方をかなり盛り込んでもらうことができた。

ここまでのプロセスでは、計画策定への市民参画がないように見えるが市の方針は明確であった。基盤となる図書館像や機能や使命については、行政ベースでたたき台となる構想をしっかりと構築した上で、市民からの意見を聞き取り、市の構想とズレがないかチェックし、不足していた考えやアイデアがあれば盛り込んでいくという方針であった。

私が入職後、「としょかん未来ミーティング」というネーミングで、市民参加のステージが始まった。

これについては後述する。

3.「政策調整課」への配属

多くの場合、図書館準備の担当者は教育委員会に配属されるが、私は首長部局の政策調整課という企画系の部署に配属された。これは、図書館整備をまちづくり施策の一環として捉えている市長の考えで、市の施策全体を見渡せる部署で、市の特性や課題を把握する中で、新図書館のミッションや機能を構想してもらいたいという願いからであった。

この経験は、非常に貴重なものであった。瀬戸内市のこれまでの経緯や進行中の他のプロジェクトの状況、また財政状況の把握や市議会議員との接点を持てたことなど、図書館というものがどのような現状認識をされていて、またどのように期待されているかについてもよく知ることができた。

4. 開設準備作業と並行して取り組んだこと

4.1. 現市立図書館・公民館図書室の運営改善

瀬戸内市では、私の就任当初、正規職員の司書は1名、臨時職員の司書が2名であった。2011年8月から開館準備要員の枠として臨時職員の司書1名が加わり、各図書館・室を臨時職員が担当し、私と正規職員司書で新図書館の準備作業と後述する移動図書館運営、学校図書館支援を担当する体制とした。

まず、各館の担当司書と面談を行い、現在の問題意識と改善へのアイデアを聞き取った。また、これまでの新着図書の紹介に加え全館共通の「今月のテーマ展示」コーナーを設置し、テーマ企画を分担して行うこととした。加えて、公民館、美術館、博物館（備前刀剣博物館）などの企画事業や、市の施策に対応した関連ブックリストの作成と資料特設コーナー設置も始めた。

これらはすべて図書館のHPにも掲載している[1]。2012年4月から始めた「全国津々浦々・館長の本棚」という文字通り全国の館長から3冊のブックレビューをしてもらう企画は大変好評で、毎月2回転は貸出利用がされている。

4.2. 市内全保育園・幼稚園への移動図書館車巡回

赴任したその翌週、早速市内保育園長会に出席させてもらい、移動図書館による絵本の貸出とおはなし会の実施について協力を呼びかけた。

図書館がどのような役割を果たし、何を自分たちにもたらしてくれるのか、図書館が十分に機能していないまちでは理解してもらうことが難しい。まずは移動図書館で市域全体に図書館サービスを届けることで、その在りようを現前化することが大切だとの考えから実施を急いだ。

職員体制も資料も車両もない中ではあったが、幸い、2010年度の「住民生活に光を注ぐ交付金」を繰り越しで執行することができたので、新図書館用も兼ねて絵本と児童書各3,000冊ずつ購入をした。

公民館の軽ワゴンに、コンテナで10箱、約500冊を積んで、2011年10月から市内19か所の保育園、幼稚園への巡回サービスを開始した。

1か月に1度、2冊の貸出と絵本の語り読みというささやかな取り組みであったが、移動図書館で借りた絵本を親子で図書館に返却に来てまた借りて帰るという利用行動にもつながり、確かな手応えを感じた。2012年6月からは、石川県立図書館の仲介により、七尾市立図書館から更新済みの移動図書館車両を無償譲渡頂くことができた。これにより、移動図書館に1,500冊の絵本を積載して各園を巡回できることになった。塗装整備費用は国際ソロプチミスト会・邑久の寄付金を頂き、デザインは邑久高校の美術部のみなさんが、そしてネーミングは公募により「せとうちまーる号」と名付けられた。

今では各園に到着すると、「まーる号だ！」子どもたちに親しまれる存在となっている。

4.3. 学校図書館をマネジメントするという支援

前々職地の大阪府豊中市も、前職地の滋賀県東近江市も、学校図書館支援には熱心であ

ったので、直接担当者になったことはなかったが、支援の実際や課題については理解していた。ただ、瀬戸内市でどのような支援が必要なのか、まずはニーズを把握しないことには始まらないと思い、学校司書へのアンケート調査とヒアリング（アンケート回答後）を実施した。

赴任当初は、10小学校に7名（6校は兼務）、3中学校に3名の学校司書が、臨時職員という採用身分で配属されていた。現在は、増員が図られ、9小学校（1校は統廃合）、3中学校に学校司書が各校配置されている。

アンケートとヒアリングで分かってきたことは、自分たちの仕事が学校教育の中でどのように役だっているのか、また期待されているのかという手応えのなさであった。それが学校司書のモチベーションにも影響しているようであった。

幸い、公共図書館司書も含めた合同研修の機会が年7回程度編成されていたが、その内容のほとんどが、年に2回市内の司書が企画開催する「おはなしフェスタ」と言うイベントの企画立案と練習に充てられ、あとは実務的な実践報告が少しある程度だった。学校図書館とはどのように学校教育にかかわっていくものなのか、その中で学校司書はどのようなスキルと役割を発揮すべきか、議論と認識が決して十分ではなかったのである。

たまたま2011年に、学校図書館問題研究会の大会が隣県の兵庫県尼崎市で開催されたので、校長会にお願いして学校司書と公共図書館司書も含めて行政バスを手配して全員参加をした。そこで当市の司書たちは、全国の学校図書館関係者、研究者の報告に出会い、学校図書館を真剣に考え、様々な障壁の中、実践を積み重ねている司書たちの姿を目の当たりにした。

こうした影響もあってか、その後イベント制作に偏重していた合同研修会の内容を改め、各司書の学校での実践や新たな取り組みの報告、また受講した研修の共有化などに時間を使うようシフトしていった。

翌2012年の1月には、市の教育研修所と市立図書館の共催で「学校図書館と子どもたちの学び」というフォーラムを開催した。広瀬恒子氏の基調講演とともに、島根県松江市立揖屋小学校の実践を聞く機会をもった。また、会場ロビーでは各学校図書館の活動報告パネル展を実施した。

以上のような経過を経て、平成24年度からは、学校司書会に研究部会が立ち上がり、「読書支援」「学習支援」「配架研究」の3つのグループに分かれ、公共図書館の司書も加わり実践を前提とした研究協議を行っている。

こうした諸活動を展開するためには、教育委員会の学校教育所管課、および各学校長への理解の醸成が不可欠である。新たな取り組みを進める折には、毎回小中学校に足を運び、校長会に出席するなどして説明とお願いをした。

必要な学習材料や情報を学校司書に提供しつつ、自発的な動きがスムーズに軌道に乗るよう、関係部署とのコーディネートをしていくことで、学校図書館がよりその使命と機能を充実させることができるのではないか。こうした役割を誰がするのか、議論があるところだとは思うが、実は今一番学校図書館経営に不足していることだと思う。学校司書を配

属して、資料費を付ければ、ある程度は動きだすだろう。つまり鍵の掛かっていた図書室が開かれ、子どもたちが本をたくさん借出すようになる、ということである。しかし、学校教育法や学習指導要領で期待されている機能を果たすには、教職員を中心に関係者が教育課程における学校図書館の働きを理解すること、そして学校司書の活動を円滑にするためのサポートが重要である。瀬戸内市での手探りの支援の中で、上記のことは身に染みて感じたことである。

5. 持ち寄り・見つけ・分け合う広場

2011年5月30日、図書館PTは、「持ち寄り・見つけ・分け合う広場」をメインコンセプトとする「基本構想」を公表した。

既にピンと来られた諸兄も多いと思うが「持ち寄りと分け合い」とは、図書館情報大学名誉教授の竹内悊先生が日本図書館協会の理事長をされている折りに好んで使われた名句である。

後にこのフレーズを拝借し、かつ新たな語句を加えてメインコンセプトとしたいとのお願いを、お手紙でさせて頂いた。すると竹内先生は、私の「持ち寄りと分け合い」という言葉の意図は、図書館への理解の薄い社会において、図書館員が支え合っていこうと願うものであった。図書館を利用する人の立場でこの考えを置き換えてくれたことは、瀬戸内市のオリジナルな考えだ、との激励をくださった。

少し長くなるが、2011年3月に策定した「新図書館整備基本計画」(呼称：瀬戸内市・としょかん未来プラン、以下「基本計画」)のメインコンセプトの解説を紹介したい。

高度化・複雑化した現代社会において、市民は「自己判断・自己責任」を迫られる場合が多い。しかし、様々な状況で判断や選択をするには適切な情報が欠かせない。

新図書館では、現在十分ではない市民の一人ひとりの必要に応える情報や居場所としての空間を「持ち寄り・見つけ・分け合う広場」として提供する。図書館に寄せられる様々な要求は、いわば市民が持ち寄った「必要」や「課題」である。それを図書館に集う市民が互いに自分の「必要」として見つけ、分け合う、市民の交流と連帯を育む広場を作ろうとするものである。

市民に「必要」を持ち寄ってもらうには、図書館という広場が開かれたものであると同時にその「必要」を満たす情報が一定量用意されていなければならない。また、市民がそれらを見つけるには、時勢に合わせた魅力的な資料情報の展示が必要となる。さらに、市民が互いの「必要」を分け合うには、相互の交流を醸成する空間づくりが不可欠である。これらの要素を形づくるには、司書の役割が極めて重要である。

このメインコンセプトを具体化するために7つの指針を設けた。これは、私が館長候補者選定試験の小論文に記述した柱建てをそのまま用いた。

試験の論題は、「瀬戸内市新図書館の将来像について」であった。これは瀬戸内市で図書館を任されるものとしての約束だと認識があったためである。

― 7つの指針 ―

1. 市民が夢を語り、可能性を拡げる広場
2. コミュニティづくりに役立つ広場
3. 子どもの成長を支え、子育てを応援する広場
4. 高齢者の輝きを大事にする広場
5. 文化・芸術との出会いを生む広場
6. すべての人の居場所としての広場
7. 瀬戸内市の魅力を発見し、発信する広場

「基本計画」の詳細を説明するのが本論の目的ではないので詳しくは当館のホームページで参照を願いたいが、図書館資料、情報、またそこに集まる市民の営み、その出会いそのものが、市民の人生を豊かにする貴重な資源であり、それらを市民が享受するために必要な空間や仕掛けを提供しようというのが、瀬戸内市の公共図書館思想であり、それが「持ち寄り・見つけ・分け合う広場」というコンセプトに集約されている。

6. 瀬戸内市 としょかん未来ミーティング

図書館整備計画への市民参加をどのように行うかは、図書館整備を進める担当者としていろいろ逡巡した。市民参加は、地方分権、あるいは市民自治といった近年の地方自治のキータームの中で避けては通れない課題である。しかし一方で、行政による安易な協働事案は、「住民参加のアリバイ作り」、「政策調整の市民への押しつけ」と言われる施策批判もある。意見を聞くだけ聞いて、ガス抜きよろしく実際の計画推進はまるで別物となって

は、市民から信頼される図書館として育たない。そのような意識を持ちつつ、それでも市民との意見交換なしでは、図書館づくりの担い手として、市民にメンバーシップを感じてもらえないと考えた。

その意味で、当市の唯一生え抜きの正規職員司書がネーミングした「としょかん未来ミーティング」という名称は、「検討会」とか「協議会」という既存の行政施策のイメージを拭うのに一役かったのではないかと手前味噌ながら思う。「ミーティング」という語感には、当事者による意見の交流という行為性が内在していると参加者の雰囲気をみて感じた。

2011年11月27日、1回目のミーティングを「どうなっているの編」と題して開催した。市内の各図書館・室、それに備前長船刀剣博物館、瀬戸内市立美術館などを参加者とともに見学して回るというツアーをした後、最終訪問地の牛窓町公民館図書室において、「図書館の通信簿」という図書館評価アクティビティを実施した。「図書館の通信簿」とは、NPO法人つなぐ（代表　山本育夫氏）が実践している利用者参加型評価ツアー「ミュージアムの通信簿」をベースに、当時瀬戸内市市政戦略アドバイザーであった㈱マナビノタネの森田秀之氏がコーディネートしてくれた取り組みである。

これは図書館を評価することそのものが目的ではなく、参加者が図書館を構成する様々な要素について気付きを得ることが主目的で、参加者それぞれが「もっと便利に使いたい」「もっと良くなってほしい」という実利と愛をこめて評価してもらうということをコンセプトにしたものである。

詳しくはこれも当館HPに記録があるので参照願いたい。その後、牛窓町公民館で、「図書館が〇〇を解決してくれる」または「図書館が〇〇を与えてくれる」をテーマにワークショップを行った。ここでの「図書館が」は、図書館職員がではなく、自分たち利用者も含めて図書館にいる人全員で、あるいは図書館という場で、という意味で考えて欲しいと参加者にお願いをした。

2011年度は、この第1回目を皮切りに、2回目を「こんなにしたいな編」として、第1回目のワークショップで出された「図書館が〇〇を解決してくれる」または「図書館が〇〇を与えてくれる」のアイデアの内容を、具体的な形として図形にするワークショップを2012年2月18日に実施した。

さらに3回目は翌週の2月25日、特別編として、「『しあわせ実感都市・瀬戸内』を実現するために図書館が出来ること」というフォーラムを開催した。「しあわせ実感都市」とは、当市の第二次総合計画のメインコンセプト「人と自然が織りなすしあわせ実感都市瀬戸内」に由来するもので、市の施策に図書館がどのように貢献できるかを考えようという主旨である。

基調講演は、「知の地域づくりと図書館〜学校図書館、公共図書館の役割を考える〜」と題して、片山善博氏（慶応義塾大学教授・元総務大臣）にお願いした。また、2部では、当時瀬戸内市地域おこし協力隊長の湯浅薫男氏（元ホテルオークラ岡山取締役総料理長）、山本公子氏（図書館協議会長）、三輪佳奈恵氏・上杉佑子氏（邑久高等学校生徒）、山﨑宗則教育長をパネリストに「『しあわせ実感都市・瀬戸内』を実現するために図書館が出来ること」をテーマに意見交換を行った。コーディネーターは桑原真琴副市長、片山善博氏にもコメンテーターとして参加してもらった。

このような市民ワークショップを経て、「基本計画」を策定した。ワークショップの成果は、「基本構想」をベースにした「基本計画」素案の内容が、参加者の意見と大きくズレていないと確認できたこと、また具体的な機能やスペースのあり方について、ワークショップで出された意見を盛り込んだことである。例えば、子ども本のコーナーは「大家族の間」というコンセプトで、家族でくつろげるような空間にして欲しいというものなどである。

このミーティングは、2012年度も実施した。第4回目は「もう少し掘り下げてみよう」と題して、「基本計画」に示した各スペースで、どのようなサービスや機能、設備を期待するかをワークショップ形式で出し合ってもらった。また、第5回目は、「振り返り編」ということで、これまでのアイデア収集が主眼の企画から「基本計画」素案を振り返りつつ、素朴な疑問や質問に応えることを主眼に実施した。

そして第6回目は「子ども編」として実施した。この企画に際しては、会議の進め方や構成などの内容を、当事者である子どもたちに担ってもらおうと、企画運営委員を公募した。市内の中高生14人が参画して都合3回に及ぶ企画運営委員会を経て、小中学生対象、中高校生対象の2回の運営を取り仕切ってくれた。当事者である子どもたち自身が仕切った会運営であったためか、参加者の子どもた

ちが実に楽しそうに、そして驚くほど活発な意見交換をしてくれた。

12年度の最後に、第7回目として「特別編」を実施した。メインコンセプトの生みの親である、竹内悊氏の基調講演、参加者によるティーチインを実施した。

以上のように、都合7回、基本的にはワークショップというスタイルで、概ね400名の市民のみなさんと新図書館整備についていろいろな意見交換を行った。こうした取り組みで私が重視したのは、頂いた意見をできる限りくみ取るということはもちろん、行政計画として提案した図書館PTの検討作業と市民の考え、感じ方とのすり合わせをできるだけ多くの機会を通じて行うことで、市民に図書館整備へのメンバーシップを醸成することであった。

まだまだ不十分ではあるが、この「としょかん未来ミーティング」は、開館後も継続して常に市民と図書館運営サイドの協働の手続きとして継続していく考えである。

7. 市民が創る「市民の図書館」

現在、公共図書館は様々な課題を抱えている。とりわけ自治体財政の逼迫による図書館費の削減は深刻である。そうした中、サービスの向上と効率化を名目に図書館の民間委託が進展している。しかし、公共図書館という施策によって、どのような政策課題が解決あるいは達成されたのか、公共政策的観点からの議論や評価は十分でない。端的に言えば、公立直営の図書館では人事の流動性が阻害され高コスト体質を脱せないが、委託すれば人件費を中心にコスト削減が図れ、開館時間の

延長も図れるという表層が目立っている。

しかし、民営化されれば無条件にサービスが向上するといったことは神話に過ぎず、同様に公立直営の図書館経営であれば事業の継続性と発展性が担保されるということも今や説得力がない。

両者の運営方法を評価する時に、よく考えなくてはならないことは、図書館施策が教育、文化や福祉など、住民や自治体の課題に、継続的かつ時代即応的に応えられているかどうかである。

公立直営の図書館については、70年代以降の図書館施策とその展開が、現在の住民や社会の要請に応えられたかが問われなくてはならない。また、2000年代に始まる構造改革路線による民間活力を活かしたと言われる図書館が、効率性だけでなく、どれほど公共政策としての便益をもたらしているのか、継続性、発展性も含めて評価をされなくてはならない。

今後の図書館政策を考える時、私は両者に共通した評価軸として、住民が当事者として図書館政策に関わっていける経営基盤をいかに創りだせるかということを掲げたい。

社会学的な考察を持ち出す紙幅はないが、わが国は3.11の経験から、私たち一人ひとりの人間が、家族との絆を育み、地域の結びつきの中で生きていくことの大切さを学んだのではないかと私は考えている。

貨幣による価値交換、納税による公共サービスの受益という関係性を超えて、自分や地域をより豊かにする仕組みづくりに、住民自身が当事者意識をもってかかわっていくということが今求められているのではないか。そ

うした政策プロセスを踏むための、行政と住民の関係づくりを実現できる経営体制が、優れた図書館の管理運営形態ではないかと考えている。

こうした観点から、資料提供というサービスのあり方も、図書館法が期待する「国民の教育と文化の発展に寄与する」ものとして再考されなくてはならないだろう。もっと言えば1970年に発刊された『市民の図書館』を今一度正確に読み直すことが必要だ。

公共図書館は、住民が住民自身のために、住民自身が維持している機関であるから、資料を求める住民すべてのために無料でサービスし、住民によってそのサービスが評価されなければならない。

公共図書館は、資料に対する要求にこたえるだけでなく、資料に対する要求をたかめ、ひろめるために活動する。[2]

現在の公立直営の図書館が、果たして「要求をたかめ、ひろめる」活動を通して、住民の「教育と文化の発展」に応えられているだろうか。あるいは、民営化により開館時間が長くなったことが、もしくは最新のIT機器を導入したサービスが、当該住民にとってどのような施策効果があるのか。その資源配分によって実施できなくなったサービスで、不満を抱いている住民はいないのか。住民による冷静かつ正確な評価が求められる。

瀬戸内市は、教育や福祉施策におけるいくつかの事業で指定管理者制度を導入している。しかし、武久市長は、図書館については効率的でないとして直営を選択した。その理由を、事業の継続性の確保とともに、住民との信頼関係、行政内での信頼関係の確保を挙げている。契約による指定管理者制度は、報告書というチェックを求める点において「性悪説」として捉えられるが、図書館は住民のための知的文化的環境を、住民との協働で育てていくものだから、「性善説」としてそのあり方を提起したいというのが武久市長の思想である。[3]

市内のおはなしボランティアの集まりである「パトリシアねっとわーく」の皆さんが、図書館整備の資金集めのためにと、オリジナルステッカーを製作して寄付集めに奔走してくれている。図書館整備には賛成でも、財政負担を懸念する市議会からは、その規模を巡っていろいろな議論が出ていた。こうした議論を踏まえて、市民として出来る事を出来る範囲でやろうと立ち上がってくれた。

検討段階において「持ち寄りと分け合い」ということに主眼をおいて市民参加をお願いしてきた訳だが、図書館に期待を寄せる市民自身が、その「持ち寄りと分け合い」を実践してくれている。

その姿を見て、図書館が市民にとって誇りとなるような、市民自身が参加して育てていけるような「広場」にしたいと痛感した次第である。

こうしたプロセスを経て、2016年6月1日、瀬戸内市民図書館もみわ広場が開館した。開館式には近隣の保育園と幼稚園から子どもたちが参加してくれ、全員でジャボン玉を空に飛ばして開館を祝った。幅広い年齢層の多くの市民が来館し、カフェでくつろいだり、本棚を巡り歩いたりと思い思いの時間を過ごし

ていた。はじめて訪れるはずの市民の表情は、ごくリラックスしたもので、とても自然であたかも使い慣れたかのような振る舞いに見えた。以前からあった図書館を当たり前のように利用している、そんな雰囲気を感じ取った。「市民」が参加して「市民」が作った図書館を、「市民」が利用していることの自然さに、これまでの苦労が報われたと感じた瞬間であった。

8. 公設公営による整備と運営

8.1. 様々なアクターとの協働による図書館整備

「民間手法を活かして」公立図書館のサービスをより高め、しかもコスト軽減を行うというのが指定管理者制度の導入時に喧伝される常套句である。しかし、その民間でサービスをけん引している人材を見れば、公立図書館での実践経験のある背景が見て取れる。サービス向上として言われる中身は、開館時間の延長と休館日を減らすことが主なメニューである。しかしその人員体制を見れば、極めて少数の社員（契約社員であるケースもある）と多くのアルバイト、パート職員で占められるケースが多い。人件費を抑制して長時間開館を可能とする人員数を確保することで、「サービス向上」は図られている。

その後、CCCの参入によるいわゆる「ツタヤ図書館」では、スタイリッシュな空間づくりと、書店、外資系カフェのカップリングにより、ソフィストケートされた雰囲気を作り出し、企画会社としての「民間手法」を十二分に発揮したことは、その来館者数からして認めない訳にはいかないだろう。しかし、その空間が、図書館法が目的とする「教育と文化の発展に寄与する」ことを担保するような公共空間かというと、慎重な評価が必要になる。

果たして、公設公営では、「民間手法」だから出来るとされる空間づくりやサービスは不可能なのだろうか。

瀬戸内市では、市民の声を聞き、できる限りこれをサービスや建築に取り入れるプロセスを踏むとともに、設計以外にも多くの外部プロパーの協力を得て、図書館が主体となってデザインコーディネーションを行っていった。

例えば、図書館のCIともいえるロゴマークやサイン類のフォントデザインをはじめ、館内のサイン、各種ピクトデザイン、印刷物のレイアウトデザインなど、あらゆるデザインワークを地元出身の黒田武志氏に依頼した。黒田氏をはじめとしたデザインワークや写真家など、プロパーのコーディネートを、東京からの移住者である方が起業した広告会社、ココホレジャパンのお世話になった。さらには、カフェテーブルや椅子、閲覧テーブルや郷土資料の展示什器などは、プロポーザルでデザインやレイアウトなどの提案を評価し、これまでの図書館家具とは一線を画すデザイン性の高い備品類を選定することができた。

設計などの専門性の高い業務を外部発注するものの、備品や印刷物は、設計者任せにしたりカタログから選定したり、あるいは地元の印刷業者にデザインもお任せで発注するといった仕事をすると、大きな失敗はないものの、どこにでもあるような、備品カタログの「某市立図書館」というような雰囲気を醸し出すことになりかねない。

公務員にも色々な専門性はある。図書館司書は、図書館運営のプロではあるが、図書館整備については、すべての部門でプロと言える立場ではない。そうした時に重要なのは、それぞれの分野で専門家を見つけて、図書館が主体的に主導的にコーディネーションをして、図書館の理念にあった空間づくりを進めてくことである。そのためには、デザインワークには、当初からしっかりと予算を組むこと、そしてそうしたプロパーの発見と協働にかかる手間暇を惜しまない事である。瀬戸内市民図書館は、某百貨店のランドセルカタログの撮影地として目的外利用申請が寄せられる程度に、空間としての外部評価を得られていると考えている。視察に来られた方々からも、「オシャレな空間」「とても落ち着く」「ここに住みたい」という言葉を頂く程度に、その「場」としての評価を頂いている。そうした空間づくりは、民間に任せなければ出来ないものではない。さまざまなタレントを見つけ、一緒に仕事を進めていく情熱と根気があれば、誰にでも出来ることである。

8.2. 直営だからこそのフットワークと連携

図書館はその保有する情報の量と範囲において、多くの市民にとって学びの場であるとともに、自治体職員、議員にとっても重要なシンクタンクとして機能することが求められる。また、同時に、図書館は自治体施策を多くの住民にアピールする場としても有効であり、その情報提供そのものが、図書館資料を補完し、住民の暮らしや仕事にとって有益に働くことになる。こうした活動を作り出す相談が、電話1本、メール1通から始められる

ネットワークが得やすいのは、図書館員が公務員であることの効果と言える。ある指定管理者図書館長から聞いた話にだが、図書館サイドが例えば福祉部門との連携で展示や講座企画をしたい場合には、まず所管課の課長にお伺いを立てて、そこから福祉部門の課長に話がいき、ようやく提案説明となるが、それ以前に、所管課の責任者に、「そのようなことはしなくてもいい」と評価されれば、そこで連携の芽は断たれることになる。

瀬戸内市では、高齢者福祉部門では、地域包括支援センターとの連携事業や、病院事業部との連携による「健康医療情報セミナー」などが、図書館からの働きかけで実施されている。このことをきっかけに、病院事業部から、トータルサポートの観点から、医療、福祉、教育の各部門の専門職連絡会議が提案され、当館の司書がこの会議に参加している。

連携は自治体内部に限らない。放送大学のテキスト全点を所蔵するとともに、岡山学習センターとの連携により、年に2回、公開講座を図書館で開催している。また、商工会の青年部との連携で、高校生を対象としたキャリアセミナーも開催している。

人の数だけ、夢や希望、悩みや不安があり、地域の数だけ、課題や展望がある。森羅万象の資料や情報は、そうした解決に何らかのアプローチでかかわりを持つことが出来る。ここが、図書館の強みである。

また、整備プロセスでの市民ワークショップを重ねたことで、市民有志が様々な行事企画を提案し、植栽帯の整備を手伝ってくれるようになった。こうしたことから、「図書館友の会」の設立を図書館から呼びかけ、「も

みわフレンズ」という会が 2017 年 1 月に発足した。26 人から始まった友の会は、現在 94 名の会員を数え、毎月運営委員会を開催し、図書館での文化イベントを企画、実施している。

図書館のカウンターや事務室で、市民が職員と図書館での事業について意見交換をし、そうした日常会話から、いろいろな企画が行事として形になっている。

財政難で図書館運営を直営で実施することは難しいと言われるが本当にそうだろうか。瀬戸内市の図書館費は、平成 30 年度の当初予算額が 98,906 千円で、一般会計額の 17,931,200 千円で割り戻すと、0.55% という比率になる。館界では一般会計の 1% あれば、かなりいいサービスが出来ると言われており、千葉県浦安市立図書館は、0.96%（H29 年度、644,810 千円 ÷ 67,200,000 千円）を維持している。

瀬戸内市は、正規職員 6 名、臨時職員 7 名で、拠点図書館である市民図書館と地域図書館 2 館、そして移動図書館を 30 ポイントというサービスを実施している。職員数として決して十分ではないが、図書購入費も 20,000 千円を確保し、29 年度の住民 1 人当たりの貸出冊数は 8.3 冊に上った。

指定管理者に任せれば、この比率がもっと低く抑えられて、サービスが向上するのであろうか？ 指定管理者制度による運営費が、図書館に関わる経費としてどの程度なのかは極めて分かりにくい。一般に「委託費」に計上されるであろうが、すべての経費がこの費目にまとめられているかどうかは定かではない。また、「サービスの向上」という内実が何であるかも様々である。開館時間が長くて

も、図書購入費が低かったり、職員の経験やスキルが好ましいレベルではなかったりすれば、来館者の満足度は高くないであろう。また、充実した蔵書と経験豊富なスタッフが揃っていても、開館時間が短く休館日が多ければ、住民の不満を買うかもしれない。しかし、この「サービスの満足度」は、地域性や、その自治体の住民が図書館に何を求めるかによって、様々であるのではないかと思う。

そこには、首長や教育長、議会や教育委員会、図書館協議会といった、民主的な制度によって位置付けられた議論、協議の場で調整されることはもちろん、市民ワークショップやアンケート調査など、様々な手法での民意のくみ取りを行う中で決定されていくものである。また、その決定は、固定的なものではなく、試行錯誤の中で最適化を図るべく柔軟性をもって運用されるべきである。

「サービスの向上」が、十分な議論もなく自明的に長時間開館と休暇日抑制として位置付けられることは、必ずしも地域の図書館にとって費用対効果を最善にするものではないだろう。 そして一番重要なことは、図書館法が掲げる目的である「国民の教育と文化の発展に寄与する」ものとして図書館がまず存在しているかどうかが問われなくてはならない。その結果として、「地域活性化」や「賑わい創出」がもたらされることは大変結構な事である。しかしゆめゆめ、それを目的として整備計画や経営計画がなされるべきではない。それらの目的を担う施策や民間活動は、競い合うほどにある。図書館という意外性や知的雰囲気をその道具立てとして用いるのは、中身のない本函を飾るようなものである。

おわりに

　瀬戸内市民図書館もみわ広場は、2018 年 6 月に開館 2 周年を迎えた。まだまだ歩み始めたばかりの図書館で、これから運営を安定させつつも、時代状況の変化の中でより市民に愛され活用される図書館になるための道筋は様々な困難があるだろう。

　しかし、市長の方針や市民と重ねてきた意見交換の時間、そして開館後も市民協働と外部連携を旨とする図書館経営を、柔軟な姿勢で積み重ねれば、自ずと好ましい結果がもたらされるものと確信している。

　これからも、市民と共にある図書館を目指していきたい。

【注】
1）瀬戸内市立図書館ホームページ
　　http://lib.city.setouchi.lg.jp/
2）日本図書館協会『市民の図書館』日本図書館協会，1970，p.10
3）第 14 回図書館総合展、フォーラム「首長が語る地方行政の現状と図書館への期待——名取市、小布施町、瀬戸内市の取り組みに学ぶ——」での武久市長の発言。
　　http://www.ustream.tv/recorded/27153873

学びの環境を耕す
──── 津山市立図書館の地域連携

津山市立図書館
大河原 信子
おおがわら・のぶこ

〔資料協力〕 **菊入 典子**
きくいり・のりこ

津山市立図書館では 2008（平成 20）年から積極的に地域内の関係部署、機関と連携事業を行っている。ここでは、連携 10 周年をむかえた「三館連携（津山市立図書館、美作大学図書館、津山工業高等専門学校図書館）」の紹介を中心に、連携を行うようになった経緯や津山市立図書館のその他の連携を紹介する。

1. 津山市と市立図書館の概要 16
2. 2008（平成 20）年の転換点 17
3. 三館連携「津山モデル」............................17
4. 津山中央病院医療情報プラザと相互協力協定を締結 20
5. その他の連携 21
6. まちなかににぎわいを〈ゆるやかな連携〉......21
7. その他の取組〈今後の連携にむけて〉...........22
まとめ 23

1. 津山市と市立図書館の概要

　津山市は岡山県の北東部にあり、北は鳥取県、南は中部吉備高原に接する位置にあり、山陰と山陽のほぼ中間地点にあります。市域は 506.33km^2。人口は 102,074 人（2018 年 3 月 1 日）。713 年に美作国の国府が現在の津山市に置かれて以来県北の中心地としての歴史があり、1603 年には森蘭丸の弟、森忠政が美作全域の領主として入封、津山城と城下町の基礎を築きました。津山市中心部には今も鶴山公園として当時の城郭を偲ばせる石垣が残っています。

　2005（平成 17）年 2 月に阿波村、加茂町、勝北町、久米町と合併し岡山県内第 3 規模の都市となっています。

　現在、津山市には 27 小学校、9 中学校、6 高校（4 校が県立高校、2 校が私立高校）、津山工業高等専門学校、美作大学（短大、大学院を含む）があります。

　津山市立図書館は公民館図書室の時代を経て 1978（昭和 53）年 4 月に条例設置されました。1983（昭和 58）年に旧図書館に移転しますが、市役所新築にともなう旧市役所施設への「暫定」的な移転であったため、本格的な図書館が待望されていました。1999（平成 11）年市街地再開発ビル「アルネ・津山」に新館としてオープンしています。2005（平成 17）年の市町村合併時には旧津山市の津山市立図書館を本館、旧加茂町図書館、勝北町図書館、久米町立図書館を地区館として電算シ

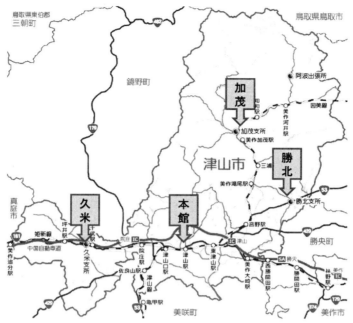

《図1 津山市と津山市立図書館の配置》

ステムも統合し、一枚の貸出券で 459,866 冊（2018 年 3 月 31 日現在）の蔵書や雑誌、AV 資料がどこの館の資料でも貸し出しでき、またどこの館にも返却することができるようにしました（**図1**）。また自動車文庫「ぶっくまる」が市内小学校を中心に 36 か所を巡回しています。2018（平成 30）年の今年、設立 40 周年を迎えます。[1]

2. 2008（平成20）年の転換点

津山市立図書館（本館）は、先に触れたように設立から 2 度の移転を経て、現在は「アルネ・津山」4 階にあります。移転前の施設規模からほぼ 3 倍になり、百貨店、専門店、音楽ホールなどからなる複合ビルであることから、店舗の開館に合わせた開館時間（午前 10 時から午後 7 時）と年間 344 日（平成 28 年度実績）の開館日数となっています。

津山市では 2006（平成 18）年度から第 8 次行財政改革実行計画において図書館の管理運営の見直しと指定管理の導入が検討されました。結果から言うと「指定管理者制度の導入による利用者のメリットが増大するとは考えにくい」（ママ）として指定管理者制度の導入は見送られました。[2][3] この検討が行われていた時は、まさに図書館の活動が評価にさらされたわけですが、職員の側でも図書館のあり方を見直す機会となりました。1 つはこうした場面で市民の応援をいただけたことで市民のニーズに応えていくことへの確信、「あなたたちが図書館を続けて欲しい」といった市民の声が職員の支えとなったこと、また一方でこれまで図書館が行ってきた「子どもの読書」や「貸し出しを中心とした資料提供」だけでは人口の 8 割を占める図書館利用者ではない人たちに図書館の存在価値を伝えるのが難しいと感じたことです。

3. 三館連携「津山モデル」

こうした背景のあるなかで津山市立図書

《図2 三館連携のイメージ》

館は、美作大学図書館、津山高専図書館と2008（平成20）年4月に3館による相互協力に関する協定を結びました（図2）。

この協力協定は、3館の利用者の教育、学術及び文化の発展に資することを目的に
（1）各図書館資料の相互貸借に関すること
（2）各図書館資料の文献複写に関すること
（3）レファレンス（参考相談、調査、照会等）に関すること
（4）教育、学術及び文化活動の推進に関すること
を行う、と定めています。

《図3 3館と市内6高校の配置》

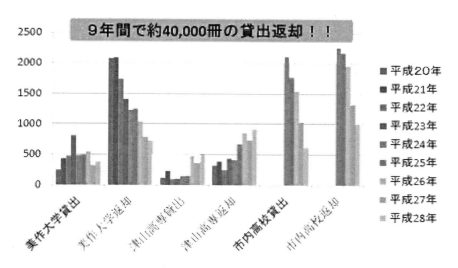

《図4　三館連携・6高校の回送利用状況〔菊入〕》

　また、2008（平成20）年10月には3館と市内の6高校の図書館の相互協力に関する協定を締結、これにより3館では学生・教員・学校関係者並びに市民が、また高校においては生徒・教員・学校関係者が以下の事ができるようになりました。
○津山市立図書館の本を取り寄せて、大学図書館や高専図書館、高校の図書館で借りる
○津山市立図書館で借りた本を、大学図書館や高専図書館、高校の図書館で返却する
○津山市立図書館で、大学図書館や高専図書館の本を借りる、返却する

　連携により、市民、各校の関係者は相互の蔵書約70万冊を利用できるようになり、またそれぞれの所蔵する新聞、雑誌の利用、契約のあるデータベースの検索も依頼できます。貸出・返却にともなう図書の配送は市立図書館が担っており、職員が交代でほぼ毎日（平日）市役所、教育委員会への事務連絡便時に各校に配送しています。たとえば予約はWEB-OPACから個人または学校（団体扱い）が申込みし受取場所を各学校に指定できます。また返却資料の連絡や館同士の配送の依頼は高専図書館が運用を担当しているメーリングリストを活用して行います。津山市立図書館の職員は美作大学、津山高専図書館、各高校へ配送する予約確保された本やメーリングリストによる返却、配送の依頼を見て当日の配送を行います。幸いなことに、美作大学、津山高専、市内6高校が津山市の中心部に集中しているため、配送を効率的に行うことができます（図3）。配送を利用した利用は9年間で約4万冊です（図4）。

　さらに、この協定による事業として、各種の講演会を共催したり、大学、高専の学園祭に市立図書館の自動車文庫「ぶっくまる」が出店したりするなど、相互の利用促進や文化振興、地域の学びの環境の向上に努めていま

す。[4)]

この三館連携の10周年を記念して2018（平成30）年1月20日に三館連携10周年記念事業「地域と暮らしをおいしくする図書館（スパイス）」が美作学園創立100周年記念館を会場に開催され、150名の方にご参加いただきました。記念講演の講師であるアカデミック・リソース・ガイド株式会社代表取締役の岡本真氏から「津山市の三館連携は公立（津山市立）、国立（津山高専）、私立（美作大学）という三者による、物流（資料の配送）を伴うサービスで、「津山モデル」と呼ぶに値する、全国でも類を見ない取り組み」として基礎自治体が行っている稀有な例として評価していただきました。参加者の皆様からも10年間地道に続けてきたことを評価していただき「津山モデル」をもっと発信するよう励ましをいただきました。私たちはこの仕組みを立ち上げた後、地道に、ただ愚直に毎日の業務として行っていたため日常化してしまい、私たち自身がこの連携事業の評価をきちんと行えていなかったことの気づきを得ることができた記念事業でもありました。

津山市と美作大学、津山高専は包括連携協定を結んでいますが、三館連携は図書館間で協定を結んでいることも特徴です。市民にとっても美作大学図書館と津山高専図書館が一般公開しているので、身近な図書館として大学、高専の図書館を使うことも可能になっています。津山市中心部に高校6校、津山高専、美作大学の教育機関があることが圏域において求心力を保つ重要な財産となっています。津山市のこの強みを失うことなく、さらに付加価値を上げられるよう、人のつながりやそれぞれの特徴を生かした連携の可能性と発展の道筋を探りたいと思います。

4. 津山中央病院医療情報プラザと相互協力協定を締結

また、津山市立図書館は2010（平成22）年10月に津山中央病院の医療情報プラザと相互協力の協定を結びました。津山中央病院は

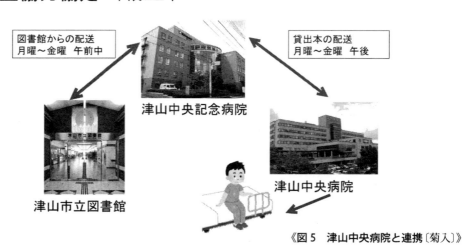

《図5　津山中央病院と連携〔菊入〕》

津山中央病院（津山市川崎）と津山中央記念病院（津山市二階町）の2か所にあり、大半の機能は津山中央病院にありますが、津山市立図書館の近く（徒歩3分）に津山中央記念病院があります。拠点病院である津山中央病院には医療情報プラザに司書が1名配置されており、入院患者さん、病院関係者さんの窓口として津山市立図書館の本の貸出・返却ができます。配送の一部を津山市立図書館の職員が受け持っています。医療情報プラザから依頼された本を図書館の近くにある津山中央記念病院に職員が持参し、そこからさらに病院の配送便で医療情報プラザに送られています。（図5）

連携事業の一環として津山中央病院の市民公開講座では図書館から関連図書の展示を、また市立図書館を会場にして病院の医師、看護師、薬剤師などを講師とした講座を開催しています。

5. その他の連携

以下では津山市立図書館が実施しているその他の連携について例示します。これらは、図書館から提案したものもあれば、他の連携の状況を見て声をかけていたいただいたものもあります。図書館資料を活用した連携と、展示コーナー、講演会の会場などの場所の提供、またはその両方で、展示・講演会には図書館から関係資料の展示を行います。具体的には講演会の共催、図書館内の展示スペースの活用、相互PRなどが主な内容になります。

◆津山市役所各部局

保険年金課・健康増進課…健診の啓発展示・講演会（2008年〜）

観光振興課…図書館ネットワークを利用した観光情報の交換展示（2009年度〜）

文化課…シリーズ「美」講演会（2017年度）

津山市財政課…原動機付自転車（50cc以下）ご当地デザインプレートの投票（2016年度）

男女共同参画センター…男女共同参画センターさんさんまつり共催（2017年度）

つやま産業支援センター…Made in Tsuyama展示（2017年度）

環境生活課…終活セミナー（2017年度）

協働推進室…自治協議会活動報告展示（2016年度）

友好都市展示（2017年度）

公募型協働推進事業（NPO法人津山国際交流の会　2017年度）

その他

◆岡山湯郷Belle…選手による絵本の読み聞かせ（2009年度〜）

◆放送大学…岡山学習センター津山教室の開設と連携講座（2011年度〜）

◆おかやま若者就職支援センター…就職支援セミナーなど（2008年度〜2016年度）

◆岡山地方法務局…終活セミナーなど（2017年度）

6. まちなかににぎわいを〈ゆるやかな連携〉

以下はそれぞれの「場」に図書館の団体貸出を利用して本を使ったコミュニケーションを促す、また、まちライブラリーの提唱者である磯井純充氏の講演会を契機に「つやまま

《図6 回想法キット》

ちライブラリー」を開設、いっしょに本を使ったまちの活性化をしていこうという例です。

◆津山まちなかカレッジ（通称　まちカレ）

津山まちなかカレッジは2017（平成29）年10月に産業人材の育成、就業支援、生涯学習の応援を行う「学びの総合空間」として、津山市立図書館と同じ「アルネ・津山」の4階にオープンしました。つやま産業支援センターとパソナ岡山が共同で運営、オープン以来各種の講座の開設や講演会を行っています。図書館は本のコーナーの設置に協力、講演会を協働して開催することもあります。中心市街地の活性化は大きな課題ですが、学びの場をつくることでできることは何か、模索しながら連携を始めています。

◆Ziba Platform、まちなかサロン再々、商店街

平成28年度に開催した「まちライブラリー」提唱者である礒井純充氏の講演会を契機に、「まちライブラリー」が2つできました。「つやま　まちライブラリー＠Ziba Platform」と「つやま　まちライブラリー＠まちなかサロン再々」です。

Ziba Platformは津山市中心部にある古民家をリノベーションしたシェア・オフィス兼オープンプラットフォーム、「まちなかサロン再々」は商店街の中の空き店舗と空地を利用したまちづくり活動拠点です。図書館は両者に団体貸出として資料を提供し、またイベントの開催にも協力しています。「まちなかサロン再々」との協力関係から、同施設のある商店街のおかみさん会との協力も始まっています。

7. その他の取組〈今後の連携にむけて〉

以下の2つの取り組みは図書館で、連携を「待つ」のではなく、連携をするためのツールを図書館から作ろうとする試みです。

◆「回想法キット」の貸出（図6）

2017（平成29）年5月から津山市立図書館では「回想法キット」を作成し、貸出を開始しました。回想法は過去の懐かしい想い出を語り合ったり、誰かに話したりすることで脳

が刺激されて自己肯定感と精神的な安定が図れると期待されています。回想法キットの利用促進と合わせて、社会福祉協議会や市内で認知症カフェを開いている団体、高齢介護施設とのつながりができ始めています。また福祉館関連の学部をもつ美作大学との連携をしたいところです。

◆オープンデータソン（ウィキペディア・タウンとオープン・ストリート・マップ）

　2017（平成29）年11月に津山市で初めてオープンデータソン（ウィキペディア・タウンとオープン・ストリート・マップ）を開催しました。地域の情報を自ら発信する取り組みを始めたところです。図書館の地域資料を活用しながら、市民による開催を目指しています。

まとめ

　「連携」をキーワードにして今、津山市立図書館が行っている活動を紹介してきました。連携を通して市立図書館が提供しているのは、図書であり、資料であり、場です。連携としてくくっていますが、図書館の活動として目新しいことをしているわけではありません。どこの図書館でもそれぞれの地域の連携の形があると思います。10年間実践してきたことで、行事面からみると「子ども読書」を発信し続けてきた図書館から大人に向けた行事を増やしてきたことがわかります（図7）。予算面、講師の依頼等、図書館単独では開催ができなかった、または、難しかったものも連携による相互協力で実現できたものが多数あります。

　まだまだ課題もたくさんあります。三館連携については、記念事業で初めてこの連携を知った、という方がたくさんおられました。学校関係者外の一般市民の方が大学・高専図書館を利用できるということも周知不足でした。私たちはもっともっと図書館を発信する必要があります。

　津山市立図書館は市民の学習・情報拠点として、3つの図書館像の実現をあげています。

《図7　行事内容の変化〔菊入〕》

行事内容の変化

平成19年の主な行事	平成28年の主な行事
えほんのじかん	ビジネス支援講演会　年5回
おはなし会	健康セミナー
こども読書週間	終活セミナー
絵本週間	「シリーズ美」講演会　全6回
夏休みおもしろランド	津山中央病院講演会
土曜日おたのしみ会	美術講座
図書館見学	講演会　8回（共催含む）
本のリサイクル市	読書会　2回
ブックスタート	大人の音読会　6回
職場体験	読書週間講演会
図書館まつり	放送大学講演会　2回
年240回　7,791人参加	年294回開催　6,876人参加

① 楽しみに出会う図書館
② 暮らしと仕事に役立つ図書館
③ 地域の文化をはぐくむ図書館

これらを実現するための取り組みとして、〈対応力〉〈発信力〉〈連携力〉をキーワードにして取り組んでいます。

図書館の基礎である蔵書や仕組みをつくる〈対応力〉、広報下手、発信下手ながらもっと図書館の使い方を知っていただくための〈発信力〉、そして今回のテーマである〈連携力〉です。

図書館における相互協力がそうであるように、地域内の連携も基本的には相互の自発的活動があって、相互に協力しあうことでお互いの資産をより有効に活用・発信できるようになります。この時の図書館職員の働きは図書館における資料と人を結びつける働きと変わりありません。資料・場所などを含む広い意味での図書館と連携先をいかに結ぶかが連携のポイントです。

本格的な人口減少社会の到来や少子高齢化の進展、地域経済の活性化がどこの地域でも課題にあがるなかで、津山市においても2065年には人口が5万人を下回ると推計されています。縮小に向かう社会の中で、地域の教育力を底支えし、市民一人一人が幸せを感じながら生活でき、地域の魅力を保つために欠かせない生涯学習、その根底をささえる図書館の働きのなかで、「連携」は非常に有効な手段になりえるものと思います。

〈連携力〉は、図書館の職員が連携先の関係者ときちんと話をして向き合うことから始まります。きちんと人と人の関係を築くこと、そこから「ヒト」と「コト」をつないでいく

こと、地元の学びの土壌を耕し、地域の魅力を高めることが可能になり、お互いの価値を高めあうことで、生涯学習の土壌として地域の力を強めることができるのではないかと思うのです。図書館の中から見ていたのでは気がつかない図書館の存在価値の示し方、図書館にとどまっていたのでは見つけられない地域の図書館としての在り方が見えてくるように思います。

【注】
1) 津山市市立図書館公式 HP「津山市立図書館 40 年のあゆみ」（平成 30 年 4 月）
   http://tsuyamalib.tvt.ne.jp/topics/pdf/20180401_40thayumi.pdf
2) 津山市立図書館協議会「津山市立図書館の管理運営について」（平成 20 年 7 月）
   http://tsuyamalib.tvt.ne.jp/dantai/pdf/kyougikai2.pdf
3) 津山市立図書館管理運営検討委員会「津山市立図書館の管理運営について　答申書」（平成 21 年 3 月 21 日）
   https://tsuyamalib.tvt.ne.jp/dantai/pdf/kentouiinkai2.pdf
4) 三館連携 10 周年記念事業「地域と暮らしをおいしくする図書館（スパイス）」のために作成した記念映像
   https://www.youtube.com/watch?v=Syhk8BFYrJg
5) 津山市人口推計
   https://www.city.tsuyama.lg.jp/common/photo/free/files/2015011314131804422393.pdf

武雄市図書館の登録者数について

広島支部

高野 淳
たかの・あつし

指定管理者制度開始初年度よりも登録者数が減少した武雄市図書館の登録者数の実数、新規登録者数、更新登録者数について、武雄市図書館に照会をした。その結果、新規登録者数は年々減少し、更新登録者数は2割程度であることがわかった。武雄市図書館に図書館としての魅力がないため、リピーターが獲得できなかったと思われる。このことは、「ツタヤ図書館」の限界を示している。

また、回答にあたっては、指定管理担当課の承諾を得ることを求められた。さらに、回答が遅れ、その回答にも明確な誤りがあるほか、その他の数値も誤りである可能性が高い。そして、統計データが保存されていないことがわかった。そのほか、直近のデータについては、武雄市への最終報告が終了するまで開示できないとのことであった。

指定管理者制度やその運用のありかたについて改めて疑義が生じることとなった。

武雄市図書館の登録者数は、指定管理者制度移行初年度は指定管理者であるCCC（カルチュア・コンビニエンス・クラブ株式会社）から2014年4月1日にニュースリリースされており、その際にはリニューアル前よりも登録者数が増加していることが報道されました。しかしながら、次の年度からはニュースリリースがありません。登録者数は各年度の『日本の図書館』で確認することができるが、百の位までの概数になっています。

この登録者数の実数と、各年度の新規登録者数、そして2016年度の更新登録者数を確認しようと思いました。

2017年12月24日に武雄市図書館に電話で照会したところ、指定管理の担当課である文化課の承諾が得られれば回答するということでした。余談ですが、このときはじめて担当課が文化課であることを知りました。武雄市教育委員会には生涯学習課があるので生涯学習課が担当だとばかり思っていました。これは、「武雄市図書館・歴史資料館」だからなのでしょうか。それにしては、指定管理者制度導入後は歴史資料館の要素が希薄になってしまっていると思うのですが。

文化課に出したメールに、各年度の登録者数、新規登録者数、2016年度の更新登録者数を確認したいので承諾を求めることと、文化課でこの数値がわかるのであれば示してほしいと書きました。文面は次のとおりです。

「武雄市図書館の登録者数について」
　お世話になります。

　本日12月24日に、武雄市図書館に、2013年度からの登録者数の数値を照会したところ、文化課の承諾が得られれば、回答するということでした。

つきましては、ご承諾いただきたいと思います。

　ご教示いただきたい数値については、2013年度から2016年度までの登録者数、そして2014年度から2016年度までの新規登録者数、2016年度の更新登録者数です。

　なお、貴課でこの数値がわかるようでしたら、ご教示ください。

　よろしくお願いします。

　しかし、メールでの返信がないため、12月26日に文化課に電話をしたところ、「公開する性格の数値であるため、回答するように武雄市図書館に指示した」ということでした。

　このため、武雄市図書館に電話してそのことを伝えると、「数値を取り扱うのでメールで回答したい。そのため、メールを送ってほしい」ということでしたので、図書館にメールを送りました。メールアドレスはホームページにあるものです。

　この時点で、すでに疑問が生じます。まず、統計数値の回答にあたり、指定管理の担当課の承諾が必要なのかということ、そして、文化課に承諾を求めるメールを送ったところ、回答がなく、電話での照会があってはじめて対応されたことです。メールを送ったのですから、そのメールを図書館に転送してくれればよいものだと思うのですが、結局、電話をかけなければ前に進みませんでした。しかも、文化課では、登録者数を把握していないようです。指定管理者の業務報告に含まれていないのか、それともそのようなことには関心がないのでしょうか。

　さて、このような数値はすでに算出されているはずなので、今度こそ回答はすぐにあるだろうと思っていましたが、回答が来ないのです。

　そのため、2日後の12月28日に、また武雄市図書館に電話をしました。

　12月29日に回答のメールが届きました。そこには、「利用目的を今回お伺いしておりませんので、この数値をSNSでの公開または、第3者への提供などされる場合は別途ご連絡くださいませ。」とあり、「新規登録者数　2013年度　35,550名（事前入会含）、2014年度　9,130名、2015年度　5,515名、2016年度　4,106名　更新者数　2016年度　6,999名」とありました。

　しかし、ここには、登録者数が示されていませんし、2013年度の新規登録者数も、CCCのニュースリリースと食い違いが生じています。

　このため、翌日の12月30日にメールを送りました。次のとおりです。

「RE: 武雄市図書館の登録者数について」
　問い合わせについてご回答いただきありがとうございました。

　しかしながら、問い合わせさせていただいたうち、2013年度から2016年度までの登録者数について、ご回答をいただいていません。

　ついては、お手数をおかけしますが、2013年度から2016年度までの登録者数について、ご回答いただきますよう、お願いします。

　また、2013年度の新規登録者数が35,550名とご回答いただいていますが、CCCの

2014年4月1日付けニュースリリースでは、2014年3月31日時点での登録者数が34,349人となっています。

1,201人の差がありますが、これについては、2013年度に登録を抹消した人が1,201人いたと考えていいでしょうか。

このことについても、ご教示いただければ幸いです。

このメールに対する回答が来ないので、2018年1月5日に武雄市図書館に電話したところ、メールは1月6日に届きました。

年度末の有効登録者数として、「2013年度34,349人、2014年度44,216人、2015年度49,951人、2016年度28,998人」という数値が示されたほか、2013年度の登録者数については「ご指摘承っておりました数値に関しましてはデータの抜取期間を誤っていたためでございます。」という回答がありました。

表のとおりです。

3年ごとに更新するという条件のもとで、登録を更新する人が少なかったため、2016年度の登録者数が初年度を下回ったということになりました。

このことは、武雄市図書館の指定管理者がCCCになって運営された当初から想定されたことだと思います。武雄市図書館は、指定管理者制度が導入されるまでは、登録の要件は武雄市に在住在勤在学というものでしたが、制度導入後は、日本国内に在住とされました。佐賀県内の各市町公共図書館の登録要件は、市町在住在勤在学であるか、広くても隣接市町の在住者に限られています。武雄市と隣接する町には公共図書館が未設置のところもあります。武雄市図書館は、大型ショッピングセンターがすぐ近くにあり、近隣市町からの来館が期待できる立地にあります。にもかかわらず、登録者が減少しているということは、武雄市図書館は一過性のブームでしかなく、リピーターを確保する魅力はなかった、ということです。そしてそれは、各地で展開しているツタヤ図書館の末路を示しています。

それにしても、更新した登録者が2割程度であるというのは、公共図書館としては異例の低い更新率だと思われます。

にもかかわらず、2017年度で指定管理者制度期間の5年が終了した武雄市図書館の指定管理者は、2018年度からもCCCになりました。

数値を確認したいという目的で、照会をしたのですが、このようなやりとりから疑問が生じ、さらに、利用目的を確認されるということがあったので、急遽、研究集会で発表することにして、武雄市図書館にその旨をメールしました。

そして、さらに疑問点がありました。

《表》

	2013年度	2014年度	2015年度	2016年度	2017年度^(注)
新規登録者数	34,349人	9,130人	5,515人	4,106人	4,149人
年度末有効登録者数	34,349人	44,216人	49,951人	28,998人	26,039人
更新登録者数	－	－	－	6,999人	3,071人

（注）2017年度の数値は2018年6月2日に回等があった。

表にあげた登録者数は武雄市図書館の回答どおりなのですが、2014年度、2015年度の年度末有効登録者数は、前年度の有効登録者数に新規登録者数を足した数とは合いません。このため、3月16日に武雄市図書館にメールで照会しました。次のとおりです。

「RE: 武雄市図書館の登録者数について」
お世話になります。
このことについてお問い合わせさせていただいて、
ご回答いただいているところですが、
2014年度の新規登録者数が9,130人となっているところ、
2013年度と2014年度の有効登録者数の差は9,367人となっています。
翌年度も同様に違っています。
この点について、2013年度の新規登録者数と同様の間違いなのか、
それとも別に理由があるのか、教えてください。
よろしくお願いします。

この質問に対する回答は、3月22日にありました。回答には、現在調査中のため、回答まで時間がかかるということであり、発表当時に抽出・使用した帳簿が見当たらなくて、保存期間が過ぎたため処分されている可能性が高いとのことでした。また、回答があった数値は、再抽出したものということでした。

もうひとつ、気になるのが、2017年度の数値です。

4月14日にメールで照会したところ、翌日の4月15日に回答がありました。

昨年度の数値に関しては、武雄市への最終報告が完了するまでは開示することができないということでした。

これらの回答にも疑問が生じるところです。

抽出・使用した帳簿が見当たらなく、保存期間が過ぎて破棄した可能性が高い、ということですが、指定管理者の期間内に保存期間が過ぎて統計データを破棄するということは適切なのでしょうか。しかも、「発表当時に抽出・使用した帳簿が見当たらなくて、保存期間が過ぎたため処分」ということはつまり、2016年度当初に使用した2015年度の帳簿が2017年度には破棄されていることになります。保存期間はどのように設定されているのでしょうか。

また、武雄市への最終報告が完了するまでは開示できないというのもおかしな話です。報告の前後で数値が変わることはないはずです。それに、指定管理者制度移行初年度の数値は、翌年の4月1日にCCCが公表していました。それは本来、開示できなかったものだったのでしょうか。

指定管理者制度やその運用のありかたについて改めて疑義が生じることとなりました。

なお、5月30日に再度照会のメールを送ったところ、6月2日に2017年度の数値の回答がありました。武雄市への最終報告が完了したということでした。

公共図書館における読書のアニマシオンの取り組み

指宿市立山川図書館

徳留 絵里
とくどめ・えり

「読書のアニマシオン」という概念が日本に入ってきてから、約20年の歳月が流れた。現在、学校現場において、全国のいろいろなところで実践が行われている。しかし、"読書"に関する活動であるにもかかわらず、公共図書館の職員がアニマシオンに積極的に取り組んでいるという事例を耳にすることはあまりない。なぜ、アニマシオンの活動は学校関係者の間で広がりをみせたのか、そもそもアニマシオンとは何なのか、スペインとフランスのアニマシオンの違い、日本の公共図書館にはなぜアニマシオンが広がらないのか、アニマシオンのもつ効能にはどのようなものがあるのかについて考える。

はじめに 29
1. アニマシオンとの出会いときっかけ 30
2. アニマシオンとは何か 31
　2.1. スペインのアニマシオン 31
　2.2. フランスのアニマシオン 32
3. 日本におけるアニマシオン 33
　3.1. アニマシオンクラブ（東京）.................................33
　3.2. 鹿児島におけるアニマシオン 33
4. 公共図書館におけるアニマシオン 34
5. 指宿市立山川図書館におけるアニマシオンの取り組み
　　..34
　5.1. 山川図書館の概要 34
　5.2. 学校図書館でのアニマシオン 34
　5.3. 山川図書館でのアニマシオン 35
6. 本場フランスでの学びを、日本で、鹿児島で、指宿で
　　..36
7. アニマシオンの効能 37
おわりに 37

はじめに

　読書に関心のある方に、「"アニマシオン"をご存じですか」と質問すると、おそらく多くの方が、「聞いたことはある」、「どういうものか、なんとなくは知っている」という答えが返ってくるのではないだろうか。

では、公共図書館での場合どうであろうか。「自館において、アニマシオンに積極的に取り組んでいる」、「アニメーターとして、実際にアニマシオンを行ったことがある」という方はあまり多くないのではないかと推測する。

　読書のアニマシオンという概念が、日本に

入ってきて、約20年が経過している。しかし、"読書"に関する活動であるにもかかわらず、アニマシオンの活動は公共図書館ではなく、学校、特に小学校の、読書活動に熱心な教諭を中心に広がりをみせてきた。

今回は、なぜアニマシオンが公共図書館ではなく、学校関係者を中心に広がってきたのか、そもそもアニマシオンとは何なのか、公共図書館で広めていくためにはどのような対策が必要なのかについて考えてみたい。

1. アニマシオンとの出会いときっかけ

私のアニマシオンとの初めての出会いは、今から10年以上前にさかのぼる。当時は、離島にある県立高校で期限付きの学校図書館司書として勤務していたのだが、鹿児島県の図書館大会において、読書のアニマシオン研究会代表・岩辺泰吏氏の講演を聴いたことが、きっかけとなった。

講演会のなかで、アニマシオンの面白さや、可能性に感銘を受けた私は、その帰りに書店に寄り、講演中に紹介されていた絵本を購入し、保育園に出向いて、おはなし会を行っていた高校生に紹介した。しかし、これ以上積極的にはアニマシオンを行ってこなかった。

その後、読書のアニマシオンの活動に、より積極的に取り組むようになったのは、公共図書館に勤務するようになってからのことだ。その理由のひとつに、さまざまな子どもたちとの出会いが挙げられる。

学校図書館に勤務していた時代にも、さまざまな子どもたちとの出会いがあった。図書館に頻繁に遊びにくる生徒のなかには、友だちとのトラブルを抱えている生徒や、教室に居場所がないと感じている生徒たちの姿も見受けられたが、普通科の高校に入学してくる生徒たちは、高校入試を突破した、ある程度学力も読解力も同等程度の生徒たちであった。

一方、公共図書館で出会った子どもたちのなかには、さらに多様な側面を持つ子どもたちがいた。学校での勉強についていけず、引っ込み思案になっている子、家庭環境が複雑で、自分の居場所を探している子、また、学校図書館によくきていた高校生と同じように、友だちとのトラブルを抱えた子どもたちも多くいた。

図書館で見せる顔と、学校で見せる顔の異なる子どもたちが多く存在していることにも驚いた。図書館では、明るい表情を見せているのに、学校ではそうでもない子、図書館では、全然しゃべらないのに、学校では明るく過ごしている子。図書館では、注意を受けるようなことばかりしているのに、学校では優等生として過ごしている子など、学校図書館だけに勤務していたら気づかなかったであろう、子どもたちの一面を知ることになった。

あるとき、小学2年生の女の子との出会いがあったが、それも衝撃的なものだった。「夢さがしの旅」という、さまざまな職場を訪問するという授業のなかで、図書館を訪れた子どもたちに、「どうして今日は、図書館を選んで来てくれたの?」と尋ねたところ、多くの子どもたちは、「本が好きだから」、「図書館によく来るから」などの理由を挙げるなか、その女の子は、「私は昔から本が大好きなのだけど、月曜日から日曜日まで毎日、塾と習い事で、図書館から家は近いのに1回も図書館に来たことがなかったの。みんなが、

図書館には学校の図書室にもない本がいっぱいあるのだよって言っていたから、一度でいいから、図書館に行ってみたいなぁと思っていたの。今日は図書館に来られて良かった」という話をしてくれたのだ。

当時は公共図書館で勤務し始めて間もない頃のことだったが、「指宿でも、都会の子どもたちと同じような悩みを抱えている子どもがいるんだな」という驚きを覚えるとともに、「やはり、私が子どもだった頃とは、子どもたちを取り巻いている環境が変化しているのだな」と時代の流れを痛感した。彼女との出会いにより、子どもたちが来館したときや、おはなし会に出かけたときなど、子どもたちの前に立つときには、楽しい時間を提供できる大人になりたい、子どもたちに、いきいきワクワクする時間を過ごして欲しいと考えるようになった。

そのなかで、出会ったのが読書のアニマシオンである。

アニマシオンにおける活動では、子どもたちが授業中や、普段の活動のときとは違う表情をみせることが多く、勉強のできる、できないに関わりなく、友だちと楽しい時間を共有することができ、本の楽しさを伝えることができるのだ。

2. アニマシオンとは何か

私は講演会などで、アニマシオンという言葉を紹介する際には、以下の文章を引用している。

アニマシオンとは、アニマ（anima、ラテン語）＝魂・生命が生きいきと活動することです。英語のアニメーション（animation）と同義語です。少しずつ異なるたくさんの絵や人形を連動させて動かしたときに、あたかも生きているように見える様子を言っていますね。わたしたちはそれを活字の世界に応用しようと考えています。本はながめただけでは「死んだ」活字の集合体です。しかし、それを読み始めたときに、そこに「物語の世界」が生きいきと浮かび上がります。つまり、生命なきものに生命がふきこまれたものです。（中略）このようなわくわくとした体験を実現する「読みの世界」を創りだすことが、読書のアニマシオン運動のめざすところです

（岩辺泰吏・編著『ぼくらは物語探偵団』
柏書房　p.2）

私は、このなかで紹介されている、"わくわくした体験"という部分に、特に感銘を受けている。公共図書館に勤務するようになり、子どもたちに少しでも多く、いきいきワクワクした時間を過ごしてほしいと考えるようになった際に、再び、岩辺泰吏先生の講演会を受講したことで、自分が司書として目指すべき方向が見えてきたのだ。

日本では、アニマシオンには、モンセラット・サルト氏が伝えたスペイン式のもの、ドミニク・アラミシェルさんが伝えたフランス式のものが読書のアニマシオンとして知られている。それぞれ、その特徴的な部分を紹介したいと思う。

2.1. スペインのアニマシオン

日本に読書のアニマシオンという概念が

入ってきたのは1冊の本がきっかけである。1997年に、スペインのモンセラット・サルト氏の『読書で遊ぼうアニマシオン　本が大好きになる25のゲーム』（佐藤美千代・青柳啓子訳　柏書房）が日本で出版されたことで、いろいろなところで実践されるようになった。「ダウトをさがせ」や、「これ、だれのもの?」など、たくさんのアニマシオンが紹介されている。日本、特に公共図書館関係者のなかでは、このスペイン式のものが多く知られている。

　しかし、スペイン式のアニマシオンでは、決められた作戦を用いてアニマシオンを行わなければならない、参加する人数、全員分の複本を用意しなくてはならない、子どもたちが予読をしておかなくてはならないなどのルールがあり、「アニマシオン＝難しい」という印象を与えているように思える。[1]

2.2. フランスのアニマシオン

　日本に最初に伝わってきたのは、スペイン式のアニマシオンであるが、学習を続けるなかかで、アニマシオンの源流は、19世紀にフランスで始まった民衆教育の中にあることが分かってきた。

　それを位置づけたのが、『フランスの公共図書館60のアニマシオン』（ドミニク・アラミシェル著　辻由美訳　教育史料出版会　2010）である。

　このなかで、

1924年、パリに設立された国立の子ども図書館「楽しいひととき」館が設立されたときから（ママ）、子どもセクション担当司書たちは、その蔵書に生命をあたえるた

めに、来館する子どもたちに適した多種多様な文化活動を構想してきた（中略）子ども図書館はアニマシオン抜きには考えられないものとなった　　　　　（p.11）

と記されている。

　しかし、フランスやスペインなど南ヨーロッパで、一般的にアニマシオンの活動が盛んになったのは、1970年代のことである。

　フランスでは、アニマシオンは、読書活動に限ったことではなく、芸術、スポーツ、娯楽などさまざまなジャンルで行われており、国家資格としてアニメーターという職業があり、アニマシオンセンターという施設も存在している。

　アニメーターという国家資格はあるが、読書のアニマシオンにおいては、公共図書館の司書がアニメーターの役割をしており、さまざまなプログラムが行われている。小学校、中学校はもとより、幼稚園・保育園、高校に公共図書館司書が出向いてアニマシオンを行ったり、クラス単位で来館してもらいアニマシオンを行ったりしているそうだ。

　また、日本では、さまざまな作戦を用いて行う特別な活動のみを、「読書のアニマシオン」と捉えがちだが、フランスでは、おはなし会や読みきかせなども「伝統的なアニマシオン」と捉えている。

　フランスは、日本と文化的に大きく異なり、バカンス法という法律があり、休暇をとても大切にしている。また、さまざまな文化的、政治的、経済的な背景をもった人たちが多数存在する社会である。それは、大人の世界だけではなく、子どもたちの世界でも同じ

ことが言える。ひとつのクラスのなかに言語も、文化的背景も、場合によっては年齢さえも異なる子どもたちが存在しているのだ。

アニマシオンの取り組みにおいては、グループごとでの対話を必要とするクイズなどの形式で行われることが多々あり、人々は、イキイキわくわくしながらも、人とどうコミュニケーションをとればよいのか、自分の意見を、相手を傷つけずに伝えるにはどうすればいいのかなど、人と人とのつながりや、距離間の保ち方などを学んでいくことになる。

この学びは、日本において、現代社会を生き抜いていく、大人にとっても、子どもたちにとっても不可欠なものではないだろうか。

3. 日本におけるアニマシオン

3.1. アニマシオンクラブ（東京）

1997年、『読書で遊ぼうアニマシオン　本が大好きになる25のゲーム』の日本での出版をきっかけに、東京の小学校の教諭等を中心に、読書のアニマシオン研究会（通称：アニマシオンクラブ）が発足し、ワークショップによる体験型の学習会を毎月開催している。また、アニマシオンクラブの発足をきっかけに、その流れは少しずつ全国に広がり、現在、東京、青森、沖縄、徳島、鹿児島などでアニマシオンの取り組みが行われている。

アニマシオンクラブでも、発足直後は、スペイン式のアニマシオンでの学びが行われてきた。しかし、学びを深めていくなかで、アニマシオンの源流はフランスにあること、フランス式のアニマシオンの方が、日本の子どもたちの実態に合っているのではないかと考える人が多くなってきた。

3.2. 鹿児島におけるアニマシオン

鹿児島でのアニマシオンは、2005年10月に、読書のアニマシオン研究会の方々を講師にお招きして行った、「アニマシオンセミナー」がその始まりとなる。こどもの本かごしまが主催となって行っているイベントである。

現在でも、毎年夏に読書のアニマシオン研究会代表の岩辺泰吏氏や、事務局の笠井英彦氏をはじめ、講師の方々をお招きし、学習会を開催しているが、この研修会には、鹿児島県内外からの多くの参加者がある。

また、2010年10月から、自主的な学習の場として、「アニマシオン勉強会」を開催するようになり、その流れを汲んで、2014年2月に、「かごしまアニマシオン倶楽部」が発足することとなった。

かごしまアニマシオン倶楽部には、県内外の公共図書館司書、学校図書館司書、教員、読書ボランティアが所属しており、ここまで多彩な立場の人たちが所属しているのは全国的にみても鹿児島だけなのではないかと自負している。

今では年に3回、県内各地で学習会を開催しており、参加者の自己紹介とおすすめ本の紹介を行ったあと、「クイックアニマシオン[2]」と、「じっくりアニマシオン[3]」を行っている。アニマシオン終了後には、内容に関する意見交換会を行い、さらに、交流会として、参加者同士が近況報告や、業務上の疑問や悩みなどをお互いに語り合う交流会を行っている。

かごしまアニマシオン倶楽部は、少しでも県内のあちこちに、アニマシオンが広がるようにとの思いから、県内各地で行っている。

4. 公共図書館におけるアニマシオン

　全国的にみると、多くの公共図書館で、アニマシオンはあまり積極的に行われていないのが現状であると言えるが、徳島市立図書館や、甲州市立図書館などで積極的な活動がなされている。

　徳島市立図書館では、地元サッカーチームの選手とのアニマシオンなどが行われ、この様子は地元の新聞でも紹介されている。また、甲州市立勝沼図書館では、会員制読書クラブ「カムカムクラブ」を月に1回開催しており、このなかで読書のアニマシオンに取り組んでいる。

5. 指宿市立山川図書館におけるアニマシオンの取り組み

5.1. 山川図書館の概要

　指宿市立山川図書館は、1995年10月に、現在の地に、山川町立図書館として開館した。2006年1月1日に旧指宿市・山川町・開聞町の1市2町が合併し、新・指宿市になった際に、「指宿市立山川図書館」として名称を改め、その翌年、2007年4月1日より、指宿市立図書館（指宿図書館・山川図書館の2館）は指定管理者制度が導入され、特定非営利活動法人本と人とをつなぐ「そらまめの会」が管理・運営を行っている（現在、3期11年目）。近くに、小学校・中学校・高校があり、子どもたちの利用も多く、また、校区公民館が併設されているため、地域の方々に支えられている図書館である。

　平日は、午前9時から午後7時まで、土日祝日は、午前9時から午後5時まで開館しているため、シフト制で勤務をしている。職員数は、正規職員3名、臨時職員2名で図書館運営を行っている。

5.2. 学校図書館でのアニマシオン

　指宿市立図書館では、学校との連携に積極的に取り組んでおり、そのひとつに、出張おはなし会という取り組みがある。これは、各学校からの依頼により、クラスあるいは学年単位に、図書館職員が出向いておはなし会を行うものである。

　この際、1コマ45分程度の時間を貰えることが多く、また、学校ということもあり、事前に人数等の把握も可能なことから、宮沢賢治や、新美南吉をテーマにしたアニマシオンや、詩を用いたアニマシオン、さまざまな教科と関連付けたアニマシオン等を行ってきた。

　また、開聞地域との連携として、学期に1回ずつ、学校図書館に出向いておはなし会を

《ある学校図書館でのアニマシオンの様子》

行っているが、開聞小学校では、5・6年生を対象に、アニマシオンを行っている。

アニマシオンを行う際は、子どもたちが普段あまり積極的には読まないジャンルの本を紹介するようにしているのだが、終了後には子どもたちが集まってきて、口々に感想を述べ、自分の好きな本を紹介してくれることが多い。また、アニマシオンで用いた本を手に取り、実際に読んでいる子どもたちの姿も目にすることができる。

5.3. 山川図書館でのアニマシオン

「5.1. 山川図書館の概要」で職員数についても触れたが、限られた職員数のなかでイベントを行うため、図書館の開館中にイベントを行うと、あまり多くの職員を充てられないという現状がある。しかし、子どもたちと一緒にアニマシオンを行いたい、子どもたちに本の楽しさを伝えい、せっかくすべての職員がアニマシオンについて学んでいるのだから、どうにか自館の運営のなかで、アニマシオンを活かしたいとの思いから、2016年度より、5月と7月に、「図書館 de アニマシオン」というイベントを開催するようになった。これには、職員の強い思いもあるが、かごしまアニマシオン倶楽部の発足も、大きな影響があると言えるだろう。さまざまなアニマシオンを体験することで、「あのアニマシオンなら、図書館でもできる」、「私なら、こうアレンジするかな?」、「この作戦で、あの本が紹介できそう」など、さまざまなアイデアが生まれてくるのだ。

公共図書館で行うアニマシオンなので、その時間にならないと、どの学年の子どもたちが、何人くらい来てくれるのかはわからない。くじびきでチームを作ったはずなのに、男子ばかりのチームや、リーダーになりたがる子どもばかりがひとつのチームに集まってしまうなど、驚くようなできごとが起こっている。

しかし、それもある意味アニマシオンということで、図書館職員も、ドキドキワクワクを楽しみながら、参加してくれた子どもたちと一緒に、この時間を楽しんでいる。

また、公共図書館で行っているアニマシオンに興味があるということで、指宿市内外の学校司書の参加も増えている。山川図書館におけるアニマシオン的活動は、「図書館 de アニマシオン」にはとどまらない。

図書館の敷地内にある畑へのイモの植え付けや、ギャラリートーク、ブックトークなどを行う「みんなでイモ植え体験」や、サツマイモの収穫祭、試食体験、ギャラリートーク、ブックトークを行う「サツマイモ収穫祭」は、アニマシオンの仲間たちだけではなく、JAいぶすきや地元のサツマイモ農家、近くにある県立の農業高校の生徒や学校司書の方などからも多くの支援をいただき実現している。他にも、「ぬいぐるみおとまり会」など、本と人、図書館と人をつなげる活動に積極的に取り組んでいる。

アニマシオンを通してできた大切な仲間たちとともに、これからも子どもたち、地域の方々といっしょに図書館づくりをすすめていきたいと考えている。

6. 本場フランスでの学びを、日本で、鹿児島で、指宿で

東京のアニマシオンクラブは、1997年に

《ドミニクさんの講演会の際に行った設営の様子》

発足し、これまでにさまざまな学びを続けてきたが、2017年に発足20周年を記念して、フランスからドミニク・アラミシェル氏をお呼びして、セミナーを行うことになったのだ。

そして、かごしまアニマシオンクラブ代表・種村エイ子先生の「あのドミニクさんが、東京まで来ているんだったら、なんとしても鹿児島まで呼びたい！」という一言で、鹿児島市内での大人向けの講演会を2回、子ども向けのワークショップを1回、開催することになった。

さらに、鹿児島に来てくださるのであれば、指宿でも講演会をしてほしい、より多くの人たちに、ドミニクさんのおはなしを聞いてほしいとの思いから、指宿市立図書館を管理・運営している、特定非営利活動法人本と人とをつなぐ「そらまめの会」でも講演会を企画することにした。せっかく指宿で行う講演会なのだから、図書館職員全員で共有したい、指宿市内の学校現場で働く人たちにも参加してほしいということで、時間帯を閉館後の夜間に設定し開催した。指宿市内で、夜間に行ったことで、学校図書館司書、司書教諭の先生方の参加が多数あり、「学校司書と司書教諭が一緒に参加できたから、今日の学習すべてが共有でき、学校でもやってみよう！という話になった」という意見が聞かれた。

また、私自身も、ドミニクさんとお会いしたことで、アニマシオンも、読書も、図書館も、図書館司書も、より自由で、より楽しくていいということに気づかされ、今まで以上に図書館も、本も好きになることができたと感じている。

ドミニクさんは時間いっぱい、フランスで出版されている、さまざまな絵本やアニマシオンの手法を紹介してくださり、講演会終了後にも最後まで参加者の方の質問に一つひとつ丁寧に答えてくださったが、特に印象的だったのは、本の紹介の仕方である。

日本では本の紹介をするときには、本の内容を関連付けて紹介することが多いが、ドミニクさんの場合は、本の形や描画の手法などからも関連付けて、次々と本の紹介をされており、自分の柔軟性のなさに気づかされるきっかけとなった。

アニマシオンの活動を行う際、つい子どもたち向けのサービスに気持ちが偏りがちになるが、ドミニクさんのお話を伺ってからは、

大人にも楽しめる時間を提供できるようになりたいと考えるようになった。子ども・大人に関わりなく、本を通して楽しみ、さまざまな知り合いを増やしていける図書館づくりを行い、家や学校、職場以外の自分自身の居場所として図書館を利用してほしいと思う。

ドミニクさんからの学びは、指宿市内外に少しずつ広がっており、校区公民館、学校図書館、公共図書館が連携してのおはなし会のなかでも取り組まれている。

7.アニマシオンの効能

アニマシオンの活動を行ってきたなかで、ある女の子との印象的なできごとがあったので、紹介させていただきたい。

当時勤務していた指宿図書館の近所にある小学校から、4年生のクラスで、「できれば国語の教科書にでてくる新美南吉をテーマになにかアニマシオンを行ってもらえないだろうか?」という依頼があり、いただいた時間に余裕があったこともあり、いくつかの作戦を組み合わせた、新美南吉のアニマシオンを行った。

それから数日後、勤務中に、図書館の常連のある女性から、声を掛けられた。「先日は、孫のクラスで新美南吉の何か心華やぐ、楽しいことをしてくださったようで、ありがとうございました」と深々と頭をさげてくださったのだ。

女性のお孫さんは、図書館の常連さんで、職員とも日頃から顔見知りで、よくいろいろな話をしてくれる明るい印象の女の子だったため、軽い気持ちで、「あれはアニマシオンというものなんですよ」とお答えし、自分自身が行った活動を心華やぐ、というすてきな言葉で褒めてもらえるとは嬉しいと、ただただ喜んでいた。しかし、その女性は、お孫さんが実は学校でつらいことがあり、最近、あまり学校に行けていないこと、学校に行っても教室には入れず、1日を保健室で過ごしていることを教えてくださり、「あの日は図書館の人が来てくれるって言うから学校に行くと言って出かけて行ったんです。心配していたんですけど、帰ってきたら久々に嬉しそうな顔で、今日学校であった出来事を話してくれました。家の者も、あの子が明るい表情をみせてくれたから、とても救われた思いがしました。あの子にとって、あのクラスで、楽しいことがあって本当によかったです」と涙ながらに教えてくださったのだ。

この経験を通し、読書のアニマシオンには、私たちが想像している以上の力が隠されているのではないだろうかと気づかされた。

おわりに

アニマシオンは、読書に関する活動であり、子どもたちにとって、有意義な時間となるのはもちろんだが、公共図書館の運営の一環として取り組むことで、より大きな力を発する可能性が高いと感じる。

しかし、スペインのアニマシオンの「ルールが多い」という印象があまりに強く、公共図書館での広がりは多くみられないのではないだろうかと考えている。私自身も、フランス式のアニマシオンと出会わなければ、現在の活動を行っていなかったかもしれない。

私はアニマシオンの活動を行う際には、今はまだ、読書の楽しさをあまり知らない子ど

もたち、本を読むことがあまり好きではない子どもたちにこそアニマシオンを味わってほしいと考えている。いきいきワクワクしながら、友だちの意外な一面を見つけ、相手に自分の思いを伝えるためにはどうすればいいのかを考えるきっかけを作って欲しい。できれば、本を通して、そんな時間を過ごしてほしい。ただその時間を楽しんで、「はい、おしまい」となるアニマシオンではなく、アニマシオンに参加したあとに、「あの本、読んでみようかな?」、「この本、読んでみようかな?」、「本って面白いのかもしれない」と、次の読書につなげることのできるアニマシオンを行っていきたいと、常に心がけている。

　私はアニマシオンの活動を通して、たくさんの仲間と出会い、学び、その多様性を知ることで図書館職員自身が楽しむ力を身に付けることができるようになった。楽しむ力は、生きる力とも言い換えることができる。

　読書のアニマシオンは、堅苦しいものではなく、図書館の蔵書に生命を吹き込むためのさまざまな試みを指すのであり、自由に気軽に取り組めるものであり、図書館とさまざまな人とつながることができる一つの手段であるとも言える。

　日本中の公共図書館にアニマシオンの精神が広がり、大人も子どもも本の世界をより楽しむことができ、市民が自ら考え、未来を想像していける、自立した市民づくりの一助となるような、そんな公共図書館づくりを目指したい。

　そのためには、公共図書館同士でネットワークをつくり、ともに学び合うことが必要不可欠だと考える。今後は、学びの場を提供できる環境づくりを行い、積極的に人々にアニマシオンの手法・精神を伝えていけるよう、公共図書館における読書のアニマシオンの情報発信源となれるよう、より積極的に活動を行っていきたいと考えている。

【注】

1) アニマシオンなどのイベントに参加するために、自宅等で予め決められた本を読んでおくこと。
2) 短い時間で行うことができ、授業の導入や、おはなし会の一部としても取り組むことができるアニマシオン。かごしまアニマシオン倶楽部による造語。
3) ある程度の時間を掛け、プログラムをたてて行う、アニマシオン。かごしまアニマシオン倶楽部による造語。

【参考文献】

モンセラット・サルト著, 佐藤美智代／青柳啓子訳『読書で遊ぼうアニマシオン　本が大好きになる25のゲーム』柏書房, 1997

岩辺泰吏編著『ぼくらは物語探偵団　まなび・わくわく・アニマシオン』柏書房, 1999

M.M.サルト著, 宇野和美訳, カルメン・オンドサバル／新田恵子監修『読書へのアニマシオン　75の挑戦』柏書房, 2001

ドミニク・アラミシェル著, 辻由美訳『フランスの公共図書館60のアニマシオン　子どもたちと拓く読書の世界!』教育史料出版会, 2010

岩辺泰吏＆読書のアニマシオン研究会編著『子どもの心に本をとどける30のアニマシオン』かもがわ出版, 2016

イノベーションとしての課題解決支援サービス
————静岡市立図書館と田原市図書館での経験から

田原市中央図書館

豊田 高広
とよだ・たかひろ

課題解決支援サービスが普及したといわれるが、多くの場合、サービス圏域の課題やサービス対象のニーズの把握が捨象され「とりあえずコーナーをつくって、ときどきセミナーをやれば何々支援サービスになる」といった安易な認識が見え隠れする。課題解決支援サービスについてあらためて定義するなら、「知識と人々をつなぐことにより地域課題の解決に貢献する、自治体政策の一環として組み立てられた図書館サービス」である。課題解決支援サービスの扱う領域の広さは、自治体政策が扱う領域の広さと重なり合う。公共図書館は、自治体の機関として、自治体の政策、地域住民の要求、活用可能な資源等を踏まえなければならない。また、教育機関として、自律的に地域課題を設定し、課題解決支援サービスの目標に据える必要がある。期待する効果を上げることができるすぐれた課題解決支援サービスの特徴を仮説として提示する。

はじめに 39
1. 課題解決支援サービスの「普及」という問題 40
2. 課題解決支援サービスとはなにか 41
3. 地域課題をどう設定するか 43
4. 新聞クリッピングから「行政・議会支援」へ 44
5. 課題解決支援としての「芸術支援」..............................45

はじめに

　筆者は、静岡市の職員として、2004年の開館から2010年の退職まで静岡市立御幸町図書館に在籍した。開館準備を含めれば10年間、この図書館に関わり続けたことになる。2006年度からは館長を務め、翌2007年の図書館総合展では Library of the Year の優秀賞と会場賞の受賞が決まる瞬間に立ち会った。立地条件を生かして、ビジネス支援サービスなどを計画的に展開し、基本構想に基づいた運営を実現している点が評価されたとのことであった。静岡市立図書館というシステムにおいて、都心部に位置して中央図書館とは異な

る、課題解決支援サービスのフラッグシップとしての役割を担う図書館だったといえる。ビジネス支援サービスだけでなく、多文化サービス、健康医療情報サービスなどの開発に取り組んだ10年だった。ビジネス支援サービスと多文化サービスにどのように取り組んだかは、竹内比呂也氏、平野雅彦氏との共著、『図書館はまちの真ん中』[1]に詳述した。

　2010年、静岡市を退職すると同時に田原市に採用され、それ以降は田原市図書館の館長として、館運営にあたっている。ここでも課題解決支援サービスに取り組んでいるという認識はある。だが、あえて何々支援サー

ビス、と名乗ることはほとんどない（例外は、後述する、行政・議会支援サービスである）。たとえば、ビジネス支援サービスと銘打ったサービスは存在しないが、当館が展開しているさまざまなサービスの中に、程度の差はあるが、ビジネス支援の要素が含まれていると考えている。課題は現場にあり、現場によって課題の現れ方は異なる。個性的である、といってもよい。先行事例を参考としつつも積極的にカスタマイズし、田原に合ったサービスをするべきである、というのが筆者の考えである。このことを、かつて、こう書いた。

〈サービス機関として直接、市民と向き合う立場であれば、当然、さまざまなチャレンジを受けることになる。環境の激変にさらされ続ける転換期であればなおさらである。そこで逃げ腰にならず、図書館の使命や目標に照らして好機と判断すれば打って出る、すなわち「受けて立つ」姿勢である。[2]〉

以下、田原での経験をベースに、静岡での経験とも比較しながら、公共図書館の課題解決支援サービスに役立つ知見を引き出したい。

1. 課題解決支援サービスの「普及」という問題

1999年、菅谷明子によるニューヨーク公共図書館の多彩な課題解決支援サービス紹介は筆者にとって衝撃だった。2003年には、さらなる取材と考察が追加された『未来をつくる図書館——ニューヨークからの報告——』が岩波新書の一冊として刊行され、日本の公共図書館関係者に大きな影響を与えた。[3][4]

『未来をつくる図書館』の第1章のタイトルは「新しいビジネスを芽吹かせる」、第2章のタイトルは「芸術を支え、育てる」となっている。日本では、公共図書館のビジネス支援が注目され、ビジネス支援図書館推進協議会が設立された。しかしながら、芸術支援については、ほとんど注目されることはなかったと思われる。

2001年、文部科学大臣告示「公立図書館の設置及び運営上の望ましい基準」で、図書館における「地域の課題に対応したサービス」が公的文書に位置付けられた。そこには、以下のとおり、芸術や地域文化に関する言及はない。2012年の改正後も、この点に変わりはない。なお、改正後の基準において、市町村の課題解決支援サービスに関する言及は以下のとおりである。

〈市町村立図書館は、利用者及び住民の生活や仕事に関する課題や地域の課題の解決に向けた活動を支援するため、利用者及び住民の要望並びに地域の実情を踏まえ、次に掲げる事項その他のサービスの実施に努めるものとする。
ア　就職・転職、起業、職業能力開発、日常の仕事等に関する資料及び情報の整備・提供
イ　子育て、教育、若者の自立支援、健康・医療、福祉、法律・司法手続等に関する資料及び情報の整備・提供
ウ　地方公共団体の政策決定、行政事務の執行・改善及びこれらに関する理解に必要な資料及び情報の整備・提供〉

この基準の策定を中心的に担った人物の一人、糸賀雅児は、次のように語っている。

〈この基準の策定に関わった時、文化教養型図書館から課題解決型図書館へということをかなり意識して作りました。[5]〉

2009年、当時の文部科学省社会教育課長であった神代浩の呼びかけで、失業者支援のためにできることをやろうと鳥取県立図書館を始め7つの公共図書館が「図書館海援隊[6]」を結成した。このとき、日本の公共図書館は「社会的排除と包摂」という課題に向き合うことになった。これは、芸術支援との関わりでいえば、今、日本の美術館や劇場が直面している課題と共通するものであった。

2014年度から2015年度にかけ、全国公共図書館協議会は「公共図書館における課題解決支援サービス」について調査を行った[7]。その内容は、主としてビジネス支援、健康・医療情報、法律情報、行政支援という4つのサービス領域の「普及」の実態に関するものであった。だが、そもそも課題解決とは「普及」できるものなのだろうか。「解決」としてのサービスが「普及」するための前提は、解決されるべき「課題」や、サービスの対象となる「利用者」のニーズの共通性である。しかし、実際には、サービス圏域の課題やサービス対象のニーズの把握（図書館マーケティング）が捨象された、上滑りの「普及」になっているのではないか。たとえば、市町村立図書館においては、法律情報サービスを実施している図書館が3割をやや下回る他は、

3つのサービスのいずれも4割を上回る実施率である。筆者はこの数値の高さへの違和感を覚える。同時に「とりあえずコーナーをつくって、ときどきセミナーをやれば何々支援サービスになる」といった安易な認識が助長されることを懸念する。田村俊作、池谷のぞみ、小泉公乃、是住久美子等による以下の研究からは、公共図書館の課題解決支援サービスに関するこういった安易な認識とは異なる、真に地域課題の解決に役立つための知見を得ることができると考える。

2. 課題解決支援サービスとはなにか

田村俊作によれば、公共図書館のビジネス支援サービスの手法には、従来の図書館サービスに見られない二つの特徴がある。一つ目は"政策課題に沿ってビジネス支援サービスの課題を導き出し、サービスを組み立てて実施する"という演繹的手法である。その"十分なニーズを掘り起こすことに失敗する危険性"を補強するのが二つ目の特徴、他機関との連携である。

〈連携によって、図書館のサービスを他機関のサービスの中に位置づけ、行政施策の一環としての位置づけを行うとともに、サービスをより効果的に実施するための体制を作り上げることができる。[8]〉

これらの特徴は、課題解決支援サービス全般に当てはまるだろう。

池谷のぞみは、ビジネス支援サービスを、二つの視点からとらえる。人々が仕事に関連する課題を解決しようとするのに対して、一

つは、"「知識と人々をつなぐ」ための種々の方法を提示する"という視点、もう一つは、図書館員・利用者等の"さまざまな実践的行為がなされる環境"を組織化するという視点である[9]。

2013年度に国立国会図書館が実施した、地域活性化志向の公共図書館における経営に関する調査研究[10]は、"これまでの図書館サービスと比べ「オーダーメイド」的側面が強い（中略）地域の注文（ニーズ）にあわせて設計するサービス"を対象としている点が特徴的である。調査対象となった4つの図書館サービスは、"図書館の「シーズ」を踏まえ、利用者のニーズを予測しながら、サービスを策定する"というプロセスが共通する。その一つとして、田原市図書館の「元気はいたつ便」も取り上げられている。調査研究グループには、田村と池谷も加わっている。同じグループメンバーの小泉公乃は、比較対象である米国ピッツバーグ・カーネギー図書館の事例を踏まえ、新しいサービスを立ち上げるために重要なこととして（1）客観的なコミュニティの分析、（2）地域コミュニティへの密着、（3）既存の図書館資源の見直し、（4）不足する資源の外部からの獲得、（5）立案作業、（6）熱心さと成果の提示を挙げている。実際には、課題解決支援サービスには、「オーダーメイド」と「レディメイド」の間に無限のバリエーションがある。「レディメイド」の場合でも、地域の課題や要求、そして図書館のおかれた環境に適合する「寸法直し」をする必要があり、小泉の指摘の重要性は変わらない。

是住久美子は、地域に関するオープンデータを市民と一緒に制作し、ウィキペディア等に掲載する「オープンデータソン」と呼ばれるイベントの分析から、以下のような考察を導き出した。

〈公共図書館のサービスイノベーションとは、変化に適応し、学習し、自らをデザインして進化し続ける組織形成を行いながら、誰にでも開かれたオープンな環境で様々なステークホルダーと共創を行い、価値を作り出していくことで社会へ貢献していくことであると考える[11]。〉

田原市図書館は、是住を講師に迎え、愛知県東部のITエンジニアを主なメンバーとする団体Code for MIKAWA等の協力を得て、2017年に2回、オープンデータソンを開催した。その経験からも、この考察は首肯できる。日々変化していく地域課題とその背景にあるニーズに応えていく課題解決支援サービス全般について、たとえ「オーダーメイド」であっても、サービスイノベーションとして捉え、絶えず改善していく図書館の構えが求められるははずである。

以上の諸論考の要約を踏まえ、課題解決支援サービスについてあらためて定義するなら、「知識と人々をつなぐことにより地域課題の解決に貢献する、自治体政策の一環として組み立てられた図書館サービス」ということになる。このサービスによって、「ア　地域の課題を知らせる」「イ　地域の課題解決を促進する」「ウ　図書館と住民、住民同士、あるいは住民と住民以外の人々の対話やネットワークづくりを促進する」「エ　地域を見せ

る／魅せることにより地域アイデンティティや関係人口の形成に貢献する」といった効果が期待できる。課題解決支援サービスの扱う領域の広さは、自治体政策が扱う領域の広さと重なり合う。

　期待する効果を上げることができるすぐれた課題解決支援サービスが、以下のような特徴の多くを備えているという仮説を、ここに提示したい。

（1）他機関と積極的に連携し外部の資源を取り入れている。

（2）地域の課題や要求（ニーズ）を客観的に分析、図書館員が地域に密着し、図書館が既に持っているシーズ（施設・資料・専門職員とその技能・信用等）を活用することを重視している。

（3）従来からある方法（貸出・レファレンス等）の新しい組み合わせに、必要に応じて新たな工夫や方法を追加している。

（4）図書館の新しいサービスが利用されやすくなるような環境（サイン、専用書架、情報環境等）の整備に努めている。

（5）サービス開始後にも、利用者のウォンツ（顕在的欲求）との不一致や変化を取り込んで、やり方を修正することを厭わない。

（6）サービスを一方的に利用者に提供しようとするのではなく、利用者・関係者と共に作り出す（共創）姿勢がある。

（7）図書館長や図書館員は、自ら「共創するサービス・イノベーター（改革者）」であろうとしている。

3. 地域課題をどう設定するか

　公共図書館は、自治体の機関として、自治体の政策、地域住民の要求、活用可能な資源等を踏まえなければならない。また、教育機関として、自律的に地域課題を設定し、課題解決支援サービスの目標に据える必要がある。安易に流行の「課題」に乗ることは、かえって図書館の存在意義を問われることになりかねない。むしろ、民間においても、行政の他の部署においても十分、問題として認識されていなかったり、解決策が提示できていなかったりする状況こそ、図書館の「出番」であろう。たとえば、次のような状況は、図書館の課題解決支援サービスにおいても重要なチャレンジとなる可能性が高い。

　すなわち、「地方消滅」の危機感や財政の逼迫から、地方自治体においては、短いスパンで定住人口や経済的価値を獲得することを重視する傾向が強まり、地方の教育機関や文化施設は資源配分において不利になっている状況である。地域のアイデンティティの基盤が掘り崩され、多様で個性的な魅力が失われていく危険に直面している。

　このような状況において、平田オリザや田中輝美の以下のような主張は、課題解決支援サービスにおける「地域課題」設定の新たな方向性を示唆する。平田は、芸術文化の振興を通じた「文化の自己決定能力」「コミュニケーション力」の育成と「社会包摂」の拡大により長期的な視点で地域の文化的な魅力を高めていくことを重視する[12]。また、田中は、「定住人口」や「交流人口」とは異なる人口概念として「関係人口」をこれからの地域づくりにおいて重視するべきであり、よそ者の地域への関わり方の多様性が、地域を活性化する大きな力となると主張している[13]。

4. 新聞クリッピングから「行政・議会支援」へ

ここからは、田原市図書館の課題解決支援サービスのなかでも、ある意味オーソドックスな「行政・議会支援サービス」と、現在、ゼロから立ち上げを模索している「芸術支援サービス（仮称）」について考察する。当館の課題解決支援サービスとしては「元気はいたつ便」は重要な位置を占めており、「エンベデッド・ライブラリアン」の田原独自の展開としての意義ももつが、さまざまな論文や研修ですでに取り上げられているので、ここでは扱わない。

課題解決支援サービスにおいて、行政支援サービスは特別な位置にある。2で言及した、田村が指摘するビジネス支援サービス（そして課題解決支援サービス全般）の二つの特徴的な手法のうち、二番目の「連携」を進める前提として行政各部門と図書館の距離を近づけるために、大きな効果がある。

田原市図書館においては、開館以来、図書館が購入するすべての新聞の田原市関係記事を切り抜き、コピーを市役所各課に配送するサービスを行っていた。これは「レディメイド」であり「行政支援サービス」の原点でもある、日野市立図書館市政図書室のサービスを田原市に適用したものであった。だが、コストパフォーマンスや著作権処理の観点からは問題のあるサービスでもあった。庁内アンケート等ののち、行政支援サービスと、新聞社の許諾を得た田原市関係新聞記事見出しのデータベース公開という二本立てに切り替え、2012年度から行政支援サービスを本格的に開始した。

行政支援サービスは（1）レファレンス、（2）資料複写、（3）資料貸出、（4）政策・イベントPR展示（パブリックコメントのための展示を含む）、（5）郷土・行政資料の配布等のメニューからなる。基本的には従来からある手法の新たな目的意識による組み合わせであり、「行政支援」には日野市、横浜市など、よく知られた先例があることから、レディメイドとしての性格が強い。だが、市内で最も人が集まる魅力的な立地での展示をメニュー化したこと、初期の利用低迷の反省から利用申込を簡素化したこと等の工夫で、2016年度の受付件数は2014年度の3倍以上、57件に上った。2015年度には同じ事業の枠組みを利用し、議会支援サービスを開始した。これらの事業を通じて、行政各部局や議会事務局との交流が増え、レファレンスの内容や蔵書構成に影響を与えるほか、行政支援サービスの枠に収まらない連携事業（例：職員や議員向けの調査スキル研修）へと展開している。徳安由希等は田原市図書館の行政・議会支援サービスを対象とした研究の考察として"行政支援サービスを定着させるためには、従来のサービスの枠組みでニーズをとらえるのではなく、現状のニーズに応える形で従来のサービスを新たに作り変えていく積極的な姿勢が重要である"と述べている。[14]

市役所職員だけでなく、看護師、学校教職員、保育士、介護施設職員などは、田原市図書館にとっては重要な利用者層である。これら「公共プロフェッショナル」というべき人々の図書館利用を促進することは、公共サービスの充実に繋がるであろう。それぞれの職業に関わる資料を充実させると同時に、市

役所・病院への返却ポスト設置、学校・介護施設への職員向け資料の配送などを実施しており、「公共プロ支援サービス」と呼ぶことが可能である。いまや多くの公共サービスはビジネスとしての側面ももっていることから、「公共プロ支援サービス」にはビジネス支援サービスと重なる部分が大きい。

5. 課題解決支援としての「芸術支援」

　田原市図書館では、この数年、地元高校の演劇部による演劇公演を館内で行なったり、同じく高校美術部の作品を展示したり、映画の制作や上映に協力したりといった、芸術にかかわる創作活動を支援する事業を行ってきた。だが、それらは系統的な取り組みとはいえなかった。しかし、2016年度、愛知大学文学部現代文化コースメディア芸術専攻の学生が正規の課程で制作した作品の展示を、教員・学生と綿密に打ち合わせながら実施し、学生による館内での制作物の配布やアンケートに協力したことで、新しい展望が開けた。（大学生の展示は2017年度も同様に実施。）

　田原市には市民の芸術活動を公共的な視点で支援するための条例はもちろん計画もなく、部署も明確ではない。筆者は、この状況を改善したいと考える複数の市民グループから相談を受けたことがある。愛知大学の協力を得ることで、図書館が田原市のアートセンターとしての役割の一部を担う可能性を探ることはできないか。そうすれば、先の平田が指摘するような「文化の自己決定力」の形成、あるいは田中の提起する「関係人口の形成」の一環としてのアーティストという「よそ者」との関わりづくりといった課題にも対応でき

るかもしれない。このように考え、愛知大学文学部現代文化コースメディア芸術専攻の吉野さつき准教授に相談したところ、ご協力いただけることになった。こうして2017年度、市企画課の大学連携事業の予算で、田原市から愛知大学へ、図書館による芸術支援に関する研究を委託する事業が実現した。2017年の12月に、田原市中央図書館内で、市内中学生や老人ホーム入所者を含む100人近い市民が表現する側として参加する音楽ワークショップ「うたう図書館」を愛知大学と共同企画・開催し、2018年1月には、その振り返りを兼ねた図書館員研修会を実施した。関連するアーカイブの公開も準備中である。

　大都市圏に属さない地方都市で起こっている、芸術に関する問題の多く（集客の困難、鑑賞や創作の機会の減少、創作の資源の不足等）は、「知識と人々をつなぐ」という課題解決支援サービスの枠組みの中で対応できる。その実例を、菅谷明子は『未来をつくる図書館』で描いている。美術館・劇場や、大学・学校の芸術系学部・学科などの芸術関係機関は、地域に連携する機関を求めている場合が多い。公共図書館の側も、芸術や文学に関するコレクションを生かすことができるし、コレクションを充実させる新たな方向性も見えてくる。たとえば、その中には地域の芸術活動の記録（脚本、楽譜、音声、映像等）が加わるかもしれない。京都で行われたウィキペディア・アートのような、オープンデータ化の試みも成立し得る。多くの司書が文学部出身であり、文学・芸術に詳しいことも、ビジネス支援の場合と異なり、ここでは有利な条件である。こうしたシーズを生かし、経済の地

域格差だけでなく芸術の地域格差の解消といういうニーズに注目して、これらの機関と連携して課題解決に努めるべきではないだろうか。「課題解決型図書館」の課題に、芸術や地域文化を含めることは、問題がないどころか重要なことだ。芸術支援サービスが同時にビジネス支援サービスでもあり得るということにも留意するべきであろう。

　地域の自立のための開発援助においては、「魚を与えるよりも、魚の獲り方を教えよ」と言われることがある。図書館による課題解決支援サービスも、地域課題の解決への支援を通じて、地域とその住民の自立を促すことを目的としている。しかし、情報や知識を「与える（あるいは探索のための行動を代行する）」一方で、「獲り方（探索の方法）」を習得できるようにする、という視点について言及されることは少なかったように思われる。この点については、別の機会に検討することとしたい。

【注】
1) 竹内比呂也他『図書館はまちの真ん中：静岡市立御幸町図書館の挑戦』勁草書房，2007
2) 豊田高広「成熟期にして転換期——田原市図書館の実践」『図書館界』64(3)，2012.9，p.208
3) 菅谷明子「進化するニューヨーク公共図書館（ルポ）」『中央公論』14(8)，1999.8
4) 菅谷明子『未来をつくる図書館——ニューヨークからの報告——』岩波書店，2003
5) 猪谷千香『つながる図書館』筑摩書房，2014，p.93
6) 神代浩『困ったときには図書館へ：図書館海援隊への挑戦』悠光堂，2014
7) 全国公共図書館協議会『公立図書館における課題解決支援サービスに関する報告書』全国公共図書館協議会，2016
8) 田村俊作他『公共図書館の論点整理』勁草書房，2008，p.55
9) 池谷のぞみ他『図書館は市民と本・情報をむすぶ』勁草書房，2015，p.10
10) 国立国会図書館関西館図書館協力課『地域活性化志向の公共図書館における経営に関する調査研究』国立国会図書館関西館図書館協力課，2014
11) 是住久美子『公共図書館におけるサービスイノベーション——図書館資料とオープンデータを用いた新たな共創の提案』同志社大学大学院総合政策科学研究科総合政策科学専攻博士課程（前期課程）修士論文，2018
12) 平田オリザ『新しい広場をつくる：市民芸術概論綱要』岩波書店，2013
13) 田中輝美『関係人口をつくる』木楽舎，2017
14) 徳安由希・小泉公乃「先進的な公共図書館は行政支援サービスをどのように構築してきたか」『日本図書館情報学会研究大会論文集64』2016，pp.45-48

サインは自由に考える
──────人と棚とをつなげるツール

瀬戸内市
図書館ボランティア

中川 卓美
なかがわ・たくみ

　図書館の書架サインの見出し語を、書架案内の機能は担保しつつ、自由な発想で作成することを提案する。顕在化した目的を持たずに「何か」を探す、ブラウジング時にも有効なサインを目指して、従来のNDCの分類項目をもとにした見出し語から、まず、日常的な語句へと言い換え、コピー的な感覚で短文化・抽象化し、語りかけるような語法へと変化させていく考え方を紹介。また、サインで「語りかける」ことで、人と棚とを結びつけ、図書館の多様性を明示する可能性も探る。

はじめに	47
1. サインの役割	47
2. NDC項目名のサインから	48
3. 文章化と抽象化	49
4. 人と棚の関係をサインにする	49
5. 社会的課題を顕在化する	52
6. サインは量産する	53
7. 棚づくりのなかのサイン	54
8. サインは貸出の技術	54

はじめに

　書架サインの見出し語は、「日本十進分類法」（以下NDC）の項目名から採用されることが多く、そのため固い表現になりがちである。けれども、書架サインは、図書館のサインの中でも、開館後も作り変えることが可能な、自由度の高いサインであるはずだ。見出し語の表現を、主題の明示は確保しつつ、もっと柔らかく語りかけるような表現を使うと、人と棚の距離を近くし、より多様な資料を手に取ってもらえる機会を作り出すことも可能なのではないだろうか。

　書架サインを全面的につくりかえること

は、それほど大きな労力はかからない。開館している既存館でも、十分可能な作業量であり、しかも棚は確実に生まれ変わる。前職である滋賀県愛荘町立秦荘図書館において、開館14年目（当時）で、配架計画とともにサイン計画を全面的に見直した経験をベースに、また、直接作成に関わったものではないが岡山県瀬戸内市民図書館の事例も紹介しながら、見出し語をもっと自由に作成する意義について考察したい。

1. サインの役割

　そもそも、書架サインの役割とは何だろう

か。あらためて、その定義を以下のように整理してみた。

① 具体的な本を探している人に的確に本の場所を明示する

② ブラウジングする人にその棚が何の主題であるかを指し示す

　①も②も同じような説明だが、①の場合は、本の主題を正確に指し示す表現であればその役割は果たされる。それに対して、②のときに有効と思われるサインは、顕在化した目的を持たずに「何か」を探す人の興味を惹きつけるような表現が求められるのではないだろうか。従来の書架サインの表現は①を主な対象として考えられてきた。けれども、②のように、ブラウジングする人に対して呼びとめるような表現にした場合、①で対象としていた具体的な本を探す人にとっても、他の本に対する興味も広がり有効ではないかと考えられる。

　さて、人を呼びとめるような表現というと、広告のキャッチコピーが思い出される。広告コピーは、語りかける口調、知的好奇心を刺激する表現、共感を引き出し、意外性で印象付け、ユーモアやリズムのあることばで商品の魅力を端的に表現するものである。そのようなコピー的な表現方法を、書架サインに応用すると、今まで以上に魅力的に本を案内できるかもしれない。けれども、そのようなサインをどのように発想したらよいのだろうか。

2. NDC項目名のサインから

　今までサインの見出し語がNDCの項目名から選ばれていたのは、主題の内容を正確に表現できるという理由のためだろう。けれど

も、日常では使わない語句であったり、正確さを求めた結果、あいまいな表現が使われていたりする可能性もある。正確であることが、必ずしも探しやすいことにつながるとは限らないのだ。

　そのような、NDCの正確さが分かりにくさの原因となっている例として、極端であるかもしれないが、0類「総記」のサインをもとに考えてみたい。

　「総記」とは、「全体を総括する記述[1]」の意味であり、NDCでは「1類から9類に主題区分するもの以外の資料を収める[2]」という意味である。「総記」という表現に慣れた図書館員なら、そこに収まる主題が思い浮かぶ見出し語ではある。しかし、日常で用いられる語句ではなく、たとえ「総記」の意味を理解していたとしても、NDCになじみがなければ、あいまい過ぎてどのような主題が所収されることになるのか想像しにくい表現ではないだろうか。

　そんな「総記」のサインをもっと分かりやすい表現に変更するとしたら、まず正確さを、少し手放すことが必要だ。NDCの総記（0類）の下には、002に「知識．学問」、007には「情報科学」の項目名を見つけることができる。「総記」の代わりに「学問」や「知識」、「情報」とサインすれば、「総記」の全主題である「図書館、図書、百科事典、一般論文集、逐次刊行物、団体、ジャーナリズム、叢書」に対して、少々正確さに欠けるとしても、十分サインとして機能する表現ではないだろうか。

　このように、サインの見出し語を考えるとき、該当箇所のNDCの項目だけではなく、前後の項目名も参照すると、わかりやすい見

出し語のヒントが得られることがある。

3. 文章化と抽象化

さて、この「総記」の代わりに、「学問」を見出し語にサインをつくってみることにする。まず、助詞等を加えて短文にすると、少し変化が生まれる。たとえば、

「学問とは」
「学問について」
「学問とは何か」
「学問のすすめ」

このように、語尾に付け足すだけで、柔らかく親しみやすい表現に生まれ変わる。

今度は、「社会学」を例にして考えてみる。まず、この「学」を取ってしまう。そうすることで、「社会学」という学問領域を超えて、社会全般についてイメージすることができ、サインの発想が広がるのだ。

「学」を取り去り、もう少し長い文章で発想すると、

「社会とは何だろうか」
「社会のことを考える」

さらに抽象化して表現すると

「社会のつくられかた」
「社会の中で生きること」
「つながる社会」

文章を長くし抽象化することで、語りかけるような口調となり、棚の前の人と「思い」を共有するような表現へと変化する。

ただし、抽象化した表現になるほど、主題の明示という機能が弱くなる。その時には、補足サインとして、従来の「社会学」と明記

したサインも併用するなど、複数のサインを作成するという方法も考えられる。

もちろん、抽象化に向かない主題もある。たとえば、経済学、法律、政治学や、数学、化学、物理学など自然科学一般、土木、機械、電気など工学系は、抽象化した表現に言いかえるのが難しい分野である。その場合は、無理に語句の言い換えをしないほうがよい。コピー的なサインは文章で表現されるため、読むことを強いられるサインでもある。そのため、従来のNDCの見出し語や、単語のみで表現したサインを、ところどころに用意した方が、メリハリが効き、工夫したサインが際立つだろう。

4. 人と棚の関係をサインにする

けれども、主題の語句の「言い換え」だけを考えるのでは、発想は広がらず、印象に残るような表現は生まれない。「言い換え」を超えたサインを発想したいときには、「人と棚との関係性」に視点を据えることをおすすめしたい。

図書館に来館する人は、日常のちょっとした楽しみや疑問から生活に関わる大きな課題まで、さまざまな「思い」を抱え、解決の手

《写真1 「障害児教育」(378) のサイン（瀬戸内市民図書館）》

《写真2 「支援の必要な子どもの育ち」の下には、「特別支援教育」「発達障害」など、具体的な見出し語のサインで分かりやすさを補足（瀬戸内市民図書館）》

がかりとなる本を探して棚の前に立っている。そのような本を求める人の「思い」と、それに応えようとする棚との関係性を想像し、代弁し、共感し、寄り添うような表現に変換してサインするとどうだろうか。たとえば、瀬戸内市民図書館では、「障害児教育」は「支援の必要な子どもの育ち」とサインされている（**写真1、2**）。保護者や先生、子どもに関わる人たち、そして当事者である子どもも含めてみんなを受け入れ、「子どもの育ち」を一緒にサポートしていこうとする「思い」が伝わってくるような表現だと感じられる。

このような人と棚との関係性に視点を置き、本を探す人の「思い」に共感してサービスを深めていくことは、もちろん、図書館の基本でもある。そのことを改めて考えさせる次の文章を紹介したい。

浦安市立図書館司書の鈴木均氏は、「司書は『ものがたり』を提供する」ものであると定義している。[3]

「私たちが提供しているのは、単なる『情報』ではない。『ものがたり』なのだ、と考えます。大切なのは『意味』だと思っています。人が本を読むのは、世界の意味を、生きている意味の『ものがたり』をつかむためだからと確信しているからです。そのことに関わりを持たずに、『情報』だけを差し出すというのは、図書館がもつ大きな可能性を閉ざしてしまうものだと思うのです。」[4]「読書の自由を担保しつつ、よりよい『ものがたり』を提供する表現方法を模索することが司書のミッションであり、技術です。」[5]

人は読書の背景にさまざまな「ものがたり」を持ち、読書を通して、さらに「ものがたり」をふくらませていく。図書館が、この「ものがたり」を意識的に捉え、「よりよい『ものがたり』を提供する表現方法を模索する」ならば、そこに、サインが果たせる役割もあるのではないだろうか。

この「ものがたり」を提供する技術としてのサインという観点を踏まえ、「家庭教育」（379.9）を例に考えてみることにしよう。

この棚の前に立つ人はどのような「ものがたり」を抱えているだろうか。おそらく子育ての助けになるようなヒントを探して、時には助けを求めてこの棚にやって来るかもしれない。そこで、情報を求める人とそれに応える棚との関係、本を探す人の「ものがたり」をサインで発想することが必要になる。まず、「家庭教育」から、探している人の目線に立ち、なじみのいいことばに言い換えて、「子

育て」という表現を用いることにする。その後、子育てに関わるさまざまな人の「ものがたり」に共感して、子育ての不安を和らげるような表現や、共感をもって寄り添うような表現へと連想を重ねていくのだ。たとえば、

① 「子育て」
→語句の言い換え
② 「子どもを育てる」
→文章化
③ 「子どもと育つ」
→「ものがたり」の追加
④ 「子どもは育つ」
→別の「ものがたり」の追加
⑤ 「子育て大丈夫！」
→さらに別の「ものがたり」へと変化

　もちろん、①～⑤のサインのうち、どれがより適切であるかを紹介するものではない。サインは、棚の蔵書、来館される人の様子、周囲に配置している分野との関係性、図書館全体の雰囲気など、さまざまな要素で決定されるものだからである。

　また、最後の「子育て大丈夫！」になると、「ものがたり」の話者が第三者へと変化していることに気がつくだろう。①～④までの話者は、子育てをしている当事者自身、もしくは子育てに関わる第三者のどちらとも受け取ることができる表現であるが、「子育て大丈夫！」になると、子育てを応援する第三者から、当事者に対することばがけの表現となっているのだ。このように、当事者の「ものがたり」の代弁から、第三者による共感の「ものがたり」まで、棚のあちこちで、サインの話者が入れ替わることになっても構わない。むしろ、その方が、いろいろな立場の人びとの「思い」が取り入れられ、多様な「も

《写真4　「生涯学習」(379) を言いかえ、「ものがたり」の追加（瀬戸内市民図書館）》

のがたり」が提供できるだろう。

　本を探す人と、その人の迷いや疑問に応えようとする棚との関係をとらえ、その背景にある「ものがたり」を想像し、サインで表現する。そうすることで、人と棚とを結びつけるとともに、資料で人びとを支えようとする図書館の姿勢も伝えることができるのではないだろうか（**写真3, 4**）。

　いずれにしろ、「語りかけるようなサイン」をつくるには、そもそもサインで「何を語りかけたいのか」について向かい合うことになるはずなのだ。

《写真3　「家庭教育」(379.9) のサイン（愛荘町立秦荘図書館）》

サインは自由に考える　July 2018 — 51

《写真5　戦争コーナーサイン（愛荘町立秦荘図書館）》

5. 社会的課題を顕在化する

　社会的な問題や地域で課題となっている資料を、図書館で積極的に選書しても、新刊コーナーから各主題の棚に配架したとたんに貸出されなくなるというような傾向はないだろうか。テーマによっては、棚に配架するとほかの主題に紛れて目立たず、その存在をアピールできていないことが原因だと考えられる。棚の中に紛れてしまう社会的な課題は、日々の暮らしの中でも埋もれがちである。サインで見える化し、潜在的な興味関心を刺激すれば、きっと利用されていくはずだ。

　では、人びとのかくれた興味を刺激するようなサインは、どのように発想したらよいだろうか。

　ここでも、人と棚との関係性に着目する。サインをつくる対象の棚の前に立ち、この資料群を書いた人びとや、求める人びとの「思い」——疑問や好奇心、希望や憤り、世界に対する共感や違和感の共有など——を想像し、さまざまな立場からの多様な「ものがたり」を連想してサインに表現する。

　たとえば、「戦争」に関する本を集めた棚をつくったと仮定し、そのコーナーのサイン考えてみたい。

　「戦争の記録」
　　→ストレートな文章化
　「戦争の記憶」
　　→「ものがたり」の追加
　「戦争とは何だろうか」
　　→疑問・違和感の「ものがたり」を追加
　「なぜ戦争するの？」
　　→被害者である子ども視点の「ものがたり」の追加
　「戦争の中で生きる」
　　→地球上全ての人が当事者であるという「ものがたり」の追加
　「平和をあきらめない」
　　→それでも希望をもつ「ものがたり」の追加（**写真5**）

　社会的な課題の分野は、楽しみのための読書ほど、手に取って借りられることが少ないかもしれない。けれども、それは本当に読者が少ないからだろうか。さまざまなジャンルとの出会いが少ないことも原因なのかもしれない。

　サインは、本の案内をするだけではなく、図書館には多様な主題が存在していることを明示する役割もあるのではないだろうか。主題の多様性が顕在化されると、それによって触発を受けた利用者が、自分でも気がついていなかった好奇心や「ものがたり」を掘り起こしていく。サインによって、利用者の読書の選択肢は広げられるはずだ。サインをつくるとき、そのような可能性も意識することが

必要だと考える。

6. サインは量産する

サインの見出し語から離れて、特に差し込みサインの使用する枚数について考えてみたい。

差し込みサインとは、書架に主に板状のサインを差し込んで、主題や著者名を表示することで、段の中で見出し語の本の先頭を示すものである。通常は、ある程度のボリュームのある主題について差し込むことで、ほかの主題から区分して場所を明示する役割をもつ。

この差し込みサインの「区分する」役割に着目すると、主題のボリュームに関わらず、蔵書の少ない分野にも敢えてサインを作成する利点があると思われる。

たとえば、4桁や5桁の請求記号の桁数で配架すると、適切に区分されずに主題が混在してしまう分野がある。具体的には、4桁では詳細な時代区分がされない日本の歴史（210）、病名が混在してしまう医学（49）、教育課程の内容別で分けるには6桁まで展開させる必要がある幼児教育（376.1）などが挙げられるが、ほかにも採用している請求記号の桁数で配架すると、正確に配架しているにもかかわらず、種々雑多な主題が混じった棚という印象を与えてしまう箇所がその対象として考えられる。

これを適切に区分するために、請求記号はそのままで、差し込みサインのみを細分化し、見出し語と書名を手がかりに配架すると、雑多に見えた棚がサイン板によって適切な主題ごとに区分され、各段に探しやすくなる。些細なことかもしれないが、ブラウジングとい

う観点からは、適切な主題単位で配架されているかによって、興味の引き具合に大きな違いがあるはずだ。潜在的な目的を持って棚の前を歩く人にとって、主題がひと目で把握できるということは、ブラウジングしやすい、出会いの多い魅力ある棚ではないだろうか。

また、差し込みサインを量産すると、「今はまだない本」を案内することもできるのだ。一般的には、サインは、ある程度冊数が増加した主題について差し込むものである。しかし、小規模の図書館では、主題によっては際立つほどのボリュームが出ない箇所もあり、特に、話題になったばかりの新しいテーマなら、棚には本が残っていないということも十分あり得る。そのような所蔵の少ない主題でも、出版や利用の見込みがあれば、前倒しで差し込みサインを作成し、「今はまだない本」の予告をしてしまうのだ。棚に本が残っていなくても、サインがあれば、図書館がその主題の存在を把握し、所蔵していこうとしている意志を伝えることができる。場所によっては、本の背よりもサイン板が目立ってしまうかもしれないが、それでも敢えてサインを提示することで、ジャンルの多様性を保っていこうとする図書館の姿勢が伝わるのではないだろうか。

差し込みサインは、見出し語の選択とともに、その数、差し込む箇所も重要なポイントとなる。どれだけ、見出し語を工夫しても、各主題が活きるような単位で区分されていないことには、サインの魅力も半減してしまう。書架サインを再作成するならば、今のサインをそのまま新しいサインに置き換えるのではなく、サインを入れる箇所の見直しから始め

サインは自由に考える　July 2018 ── 53

るほうが効果を発揮するだろう。

7. 棚づくりのなかのサイン

　さいごに、サインが棚づくりにおよぼす影響、サイン自体が棚づくりの指針となる可能性について考えてみたい。

　棚づくりは、リクエストや除架も含む「選書」、どのように並べるかという「配架」、ディスプレイとしての「陳列」の3つの作業で構成されると定義できるが、第4の要素として、サインを含めて棚づくりを捉えることはできないだろうか。なぜなら、自由につくるサインは各棚のテーマを文章化するため、棚づくりの指針を表現しているという側面もあるのだ。そのため、いったん掲示されれば、サインの見出し語が、選書をはじめとした棚づくりの方向性にも影響を及ぼしていくことになる。その影響を考慮するならば、今ある状態の棚だけではなく、望ましい状態の棚を見据えて、サインを考えるといいのかもしれない。

　また、図書館の運営形態や規模、選書方法によっては、全ての図書館員が棚づくりに関わるわけではない。けれども、このようなサインを日常業務の中で目にするうちに、直接担当していないスタッフも含めて、棚づくりに対して共通認識が得られ、その理解はほかのサービスにも活かされていくだろう。

　サインはもちろん、利用者を対象として本を案内するために作成されるものである。けれども、その副次的効果として、サインのもつ各棚のテーマを詳細に言語化するという側面から、棚づくりに作用し、また、図書館員間で棚づくりの指針が共有化されるという可能性も期待できるのだ。

8. サインは貸出の技術

　サインは、主題を表現しながら、さまざまな「ものがたり」を提供する。人びとを呼びとめ、語りかけ、問題を提起し、好奇心や共感を引き出し、笑いを誘い、気持ちを和らげ、「思い」を代弁する。時には負の感情も共有し、世界に対する疑問や違和感さえ提示する。このような、さまざまな「思い」や「ものがたり」を投げかけることで、サインは人と棚とをつなげる、貸出の技術として機能するのだ。

　サインの工夫が貸出の技術として認識され、さまざまな図書館の実践が共有されると、より深化し発展していくのではないだろうか。

※　本稿は、中川卓美著『サインはもっと自由につくる　人と棚とをつなげるツール』（JLA図書館実践シリーズ33）（日本図書館協会2017）をベースに記述している。

【引用文献】
1）『新明解国語辞典　第七版』三省堂，2013
2）日本図書館協会（改訂編集）『日本十進分類法新訂9版　本表編』日本図書館協会，2008，xliii
3）鈴木均「私たちの図書館と『ものがたり』」『出版ニュース』2472号：2018年2月中旬号，p.4
4）同上，pp.4-5
5）同上，pp.6-7

TOSYOKAN-HYORON No.59: Jul. 2018 　　第44回研究集会編

神奈川県内の図書館における館種を超えた連携

———— 神奈川県内大学図書館相互協力協議会の発足から
神奈川県図書館協会への統合まで

慶應義塾大学非常勤講師

長谷川 豊祐
はせがわ・とよひろ

　図書館協力は、図書館の設置主体による種類を問わず定着している。図書館協力は、個々の図書館が協力して、蔵書や書誌情報などの図書館資源を相互に提供する、基盤的な仕組みである。近年では、図書館を超えた設置主体の連携も盛んである。図書館を取り巻く環境変動のもとで、図書館運営や図書館協力の再構築が必要になっている。

　本稿では、神奈川県内大学図書館相互協力協議会の発足から、神奈川県図書館協会への統合までの全体像を、発足時の議事録などによって概観し、図書館協力の実態を示した。更に、「神奈川県図書館情報ネットワーク・システム（KL-NET）」、「横浜市内大学間学術・教育交流協議会」、神奈川県の「大学発・政策提案制度」を取り上げ、図書館協力の展開図と、図書館の三層構造を示した。図書館協力の全体構造を把握し、図書館運営における図書館協力の可能性を考える材料を提示した。

はじめに 56
1. 図書館協力 56
2. 神奈川県内大学図書館相互協力協議会の発足 57
　2.1. 神奈川県内の図書館関連の組織 57
　2.2. 横浜 5 大学連合学会 58
　2.3. 横浜 5 大学図書館長会議 59
　2.4. 神奈川県内大学図書館相互協力準備委員会 59
　2.5. 神奈川県内大学図書館相互協力協議会 61
　2.6. 神図協加盟大学図書館相互利用規約 61
　2.7. 総合目録と相互利用マニュアル 62
3. 神奈川県図書館協会への統合 62
　3.1. 神奈川県図書館協会 62
　3.2. 神図協・大学図書館協力委員会 62
4. 館種や図書館を超えた連携の事例 63
　4.1. 横浜市内大学間学術・教育交流協議会 63
　4.2. 大学発・政策提案制度 64
　4.3. 神奈川県図書館情報ネットワーク・システム
　　　（KL-NET）.. 65
5. 図書館協力の再構築 65
　5.1. 図書館協力の展開 65
　5.2. 図書館運営の三層構造から 66

はじめに

　図書館運営における図書館協力は、公立図書館、学校図書館、大学図書館、専門図書館など、図書館の設置主体による種類を問わず定着している。利用者が必要とする資料を自館で所蔵していない場合、他館の蔵書から借り受けるなどして提供し、図書館では欠かせないサービスとなっている。図書館協力は、図書館間相互協力や図書館システムなどとも称され、個々の図書館が協力して、蔵書や書誌情報などの図書館資源を相互に提供する、基盤的な仕組みである。

　近年では、図書館を超えて、自治体や大学という図書館の設置主体による連携も盛んになっている。図書館を取り巻く環境変動のもとで、図書館運営を再構築するためにも、図書館間の相互協力を再検討し[1), 2)]、図書館の枠組みを超えた連携も必要になっている。

　以前に、大学図書館の地域連携を調査した[3)]が、本稿では、改めて、従来の図書館協力やその制度を捉え直す。事例として、神奈川県内大学図書館相互協力協議会（以下、県内大学図書館協議会）の発足から、公立、大学、専門図書館の連合団体である神奈川県図書館協会（以下、神図協）への統合と、制度の簡略化までを概観する。県内大学図書館協議会とその準備会議の議事録によって、発足から統合までの全体像を見渡すことで、県域全体での図書館協力の一端を、大学図書館を事例として解明する。

　また、神奈川県立図書館による県内の市町村立図書館へのサービスである「神奈川県図書館情報ネットワーク・システム（KL-NET）」と、図書館の設置主体が主導する連携の例として、「横浜市内大学間学術・教育交流協議会」と、「大学発・政策提案制度」など、設置主体を超えた神奈川県内の3つの事例を取り上げる。それによって、蔵書や人的資源の活用による、図書館を超えた連携の方向について考えるきっかけとしたい。

1. 図書館協力

　図書館協力に関わる用語と、その内容について簡単に整理する。図書館協力を、『図書館情報学用語辞典（第4版）』では、次のように解説している[4)]。

　設置者を異にする2館以上の図書館が、それぞれの図書館の機能を高め、利用者へのサービスを向上させるために図書館業務について行う公的な協力活動。これには、1館単独ではなしえない膨大な規模の資料や情報にアクセスできる、図書館運営が効率化される、という二つの意義がある。ただし、協力活動の推進においては、参加館の自主性と自律性がまず尊重され、かつ、各図書館の実状に見合ったものでなければならない。具体的な活動内容としては、相互貸借、相互利用、複写サービス、分担目録作業、レファレンス・サービスの協力、分担収集、分担保存などが一般的であるが、さらに職員の研修や人事交流なども含まれる。

　必要とする資料を自館で所蔵していない場合の図書館協力は、解説にもあるように、主に3つある。相互貸借は、他館の依頼に応じて自館の蔵書から資料を貸し出すサービスで

ある。文献複写は、雑誌の論文や、図書の一部を、資料を所蔵する図書館が複写して依頼館に郵送する。コピー代や郵送費など、実費を利用者が負担する有料サービスである。相互利用は、所蔵館宛の資料利用の紹介状を発行し、利用者本人が直接その資料を所蔵する図書館におもむいて、閲覧や複写によって、必要な資料を館内で利用するサービスである。

公立図書館では、近隣自治体の図書館との協定や、近隣自治体の住民をも利用対象に含めることで、在住・在勤・在学以外の外部の利用者に館外貸出を認める例もある。大学図書館では、図書館間で協定を結んで、利用手続きを簡略化して共通閲覧証や身分証明書の提示により相互利用できる例が多い。

図書館法（図書館奉仕）第3条では、「四 他の図書館、国立国会図書館、地方公共団体の議会に附置する図書室及び学校に附属する図書館又は図書室と緊密に連絡し、協力し、図書館資料の相互貸借を行うこと」と、「九 学校、博物館、公民館、研究所等と緊密に連絡し、協力すること」と、広範囲な図書館協力が規定されている。

『日本の図書館　2017』（日本図書館協会）の統計では、公立図書館と大学図書館は、図書館協力などの実態が大きく異なる（**表1**）。

蔵書の年間受入図書数と、雑誌の種類数からみると、公立図書館は図書に重点があり、大学図書館では雑誌に重点がある。

《表1　公立図書館と大学図書館の特徴》

館　種		公立図書館	大学図書館
	図書館数	3,260	1,424
蔵　書	蔵書数（千冊）	440,995	323,595
	年間受入図書数（千冊）	16,348	4,617
	うち購入（千冊）	13,501	3,434
	新聞（千種）	37	
	雑誌（千種）	372	722
資料費	資料費（万円）	2,827,477	6,504,068
	うち図書費（万円）	2,131,804	1,692,515
	一冊単価	1,579	4,929
	うち雑誌・新聞費（万円）	375,354	1,385,917
	うち視聴覚（万円）	108,358	
	うち電子Journal（万円）		2,839,166
図書館協力	図書館相互協力（貸出）	2,379,360	
	図書貸借貸出冊数		113,783
	図書館相互協力（借受）	2,007,608	
	文献複写提供件数		596,633

『日本の図書館　2017』

資料費のうち、図書費と雑誌費からみても同様の傾向がある。一方で、図書の一冊の単価で、大学図書館は公立図書館の3倍以上で、専門書や洋書が多く購入されていることがうかがえる。また、大学図書館の資料費では、特に電子ジャーナルが突出している。

図書館協力の件数をみると、公立図書館は図書の現物貸借が多く、大学図書館は雑誌の文献複写が多い点に大きな相違がある。

これらの相違を協力の障害とみるのではなく、双方の特徴を活かした図書館協力を目指すことが可能と解釈すべきだろう。

2. 神奈川県内大学図書館相互協力協議会の発足

2.1. 神奈川県内の図書館関連の組織

神奈川県内の館種横断的な図書館関連の組織には、前出の神図協（1928年〜）、神奈川県図書館学会（1955年〜2006年）、神奈川県

資料室研究会（神資研）（1961年〜、1963年に京浜地区資料室運営研究会を改称）がある。神図協には、神奈川県内の公共、大学、専門の各種の図書館が加盟し、調査研究や広報活動、図書館員の研修など、図書館の発展と利用者サービス向上のため、多彩な活動を展開している。

県内大学図書館協議会は、1979年12月の横浜5大学連合学会による各々の大学図書館長宛の要望書を契機に、1980年6月に5大学の図書館で活動がはじまり、1982年5月に正式に発足した。県内大学図書館協議会の加盟館は大学に限定され、相互協力が会の主目的である。神図協の加盟館は、館種の範囲が公立図書館も含んで広い。従って、県内大学図書館協議会は、そうした背景があるせいか、神図協には大学図書館運営委員会（1971年発足）があるものの、神図協とは別に組織された。

2.2. 横浜5大学連合学会

県内大学図書館協議会発足のきっかけは、横浜5大学連合学会による、各大学図書館長宛の「神奈川県における大学図書館間の相互利用体制の整備について（要望）」（昭和54年12月1日　横浜5大学連合学会）（**図1**）である。

内容は、社会科学の振興に寄与するため、5大学相互間における関係図書の相互利用を可能にする大学図書館間相互利用体制の整備である。5大学は、横浜市立大学、横浜商科

《図1　要望書》

各大学図書館長殿

神奈川県における大学図書館間の相互利用体制について (要望)

昭和54年12月1日
横浜五大学連合学会総会

今日、国内外における政治・経済の急速な変動と複雑・多様化する社会状況の中にあって、社会現象の根本法則の探求を目指す社会科学の分野における学術研究成果に寄せられる期待はますます増大しております。

（中略）

もとより、大学において学術研究のために収集された図書資料は、図書館を通じて当該大学所属者のみならず、すべての研究者に対して利用提供されることが望ましいと考えますが、現状においては、各大学の管理運営上の制約もあり、円滑に利用できる方途はいまだ整備されるに至っておりません。

しかるに、全国レベルにおいては、本年、6月、文部省学術審議会が「今後における学術情報システムの在り方について」という中間報告を発表し、これを契機として文部省が各大学図書館間の相互利用体制の整備を促進する方向にあります。

以上の状況にかんがみ、本学会は、地域における研究活動を基盤として我が国社会科学の振興に寄与する観点から、少なくとも五大学相互間においては、関係図書資料の円滑な相互利用を可能とする各大学図書館間の相互利用体制を速やかに整備されることを切望いたします。

大学、神奈川大学、関東学院大学、横浜国立大学である。要望書では、文部省学術審議会「今後における学術情報システムの在り方について」（1979年6月中間報告）による、大学図書館間の相互利用体制の整備を促進する方向を述べ、相互利用体制の速やかな整備を切望すると結んでいる。

1980年代は、大学図書館界では、相互協力が大きく取り上げられている。1980年9月には、第1回大学図書館研究集会「学術情報の流通とレファレンス・サービス」が、日本図書館協会大学図書館部会の主催、国公私立大学図書館協力委員会の後援で、横浜市開港記念会館を会場として開催された。開催案内にあるように、大学図書館における相互協力活動推進が求められ、神奈川県内の大学図書館における相互協力の推進力ともなっている。

2.3. 横浜5大学図書館長会議

横浜5大学連合学会による要望に応えるため、5大学図書館長会議が開催され、1980年6月には、5大学図書館間の館内閲覧と文献複写が、自館と同様に利用できる制度の実施が決定された。以下のように、当時の会議での設立に至る議論の内容が報告されている。[5]

当初は前提条件の未整備の現状では時期尚早との意見が多く消極的な雰囲気を感じさせたが、検討を重ねる内に、前提条件の整備を待つのではなく、むしろ逆に相互協力の実施という過程の中で必要な条件創りをしていくという積極的な姿勢の必要性が確認されて、具体的には、県内の大学図書館に相互協力組織確立のための協議会設立が

決議された。

2.4. 神奈川県内大学図書館相互協力準備委員会

会議開催と議事の概要を表2（次頁）に示す。アンダーライン部分は、相互利用への否定的な意見である。図書館協力の実施に関わるこうした内向きの意見は、今も昔も変わらずに根強く存在していると考えられる。

準備委員会は1981年5月18日から1982年2月8日まで4回開催された。第1回議事録では、以下の意見が出されている。

- 今までの相互協力の動きは図書館側からの働きかけによるものがほとんどで、横浜5大学図書館間相互利用制度は利用者からの要請に基づくもので、質的に大きな相違がある。
- 相互協力が活発化する前提条件が整っていない。
- 「神奈川県図書館逐次刊行物総合目録」の改訂版の刊行も考えられる。（注：大学図書館は、図書よりも逐次刊行物の利用が主体で、所蔵タイトル数が数千の逐次刊行物の総合目録の編纂は可能であった。）

大学図書館では、図書館長は教員であることがほとんどである。相互協力の実施には、一般的な図書館利用者より、権限の大きい教員の要求であったことが大きく影響している。

第2回では、制度の複線化が考えられた。

- 神図協に加盟していない大学図書館もあるので、この時点では制度の複線化が考

《表 2　会議開催と議事の内容》

横浜 5 大学図書館長会議
第 1 回（1980 年 3 月 7 日　横浜国立大学） 　相互協力の範囲は閲覧と複写とする。目録作成や分担収集も検討されたが、将来の課題となった。
第 2 回（1980 年 4 月 25 日　関東学院大学） 　実務担当者会議で具体的実施方法を検討
第 3 回（1980 年 6 月 13 日　横浜市立大学） 　「神奈川県内（横浜 5）大学図書館相互利用実施要項」、「同実施細則」を 6 月 13 日付で制定・実施「全国初の共通閲覧制」（『毎日新聞』1980.7.12）として報道される。連絡会の設置。
第 4 回 (1980 年 7 月 18 日 神奈川大学)
第 5 回（1980 年 9 月 30 日　横浜商科大学）
第 6 回（1981 年 4 月 30 日　横浜国立大学） 　制度整備で当初の目的達成。1984 年度〔ママ〕からの全国学術情報システム稼働予定と本制度の方向の検討必要。神図協の「大学図書館運営委員会」と「大学図書館研究運営委員会」が解消され、今後は「館員研修会運営委員会」「書誌委員会」で活動。県内大学へ呼びかけるための準備委員会を結成。
第 7 回（1982 年 2 月 8 日　関東学院大学） 第 4 回神奈川県内大学図書館相互協力準備委員会と兼行
実務担当者会議
第 1 回（1980 年 5 月 12 日　横浜国立大学）
第 2 回（1980 年 6 月 3 日　横浜国立大学）
横浜 5 大学図書館間相互利用連絡会
第 1 回（1980 年 11 月 18 日　横浜国立大学） 　横浜 5 大学連合学会の要望書への実施決定の回答（1980 年 12 月 15 日付）。
第 2 回（1981 年 3 月 27 日　横浜国立大学） 　1980 年度、5 大学の共通閲覧証発行枚数は 117 枚、共通閲覧証による利用状況は 28 件。
神奈川県内大学図書館相互協力準備委員会
第 1 回（1981 年 5 月 18 日　横浜市立大学） 　12 館参加。「神奈川県図書館逐次刊行物総合目録」（神奈川県図書館協会逐次刊行物総合目録編集委員会編神奈川県立図書館発行、1964 年版、1974 年改訂版）と、総合目録刊行の効果を高めるための「神奈川県図書館協会加盟大学図書館相互利用規約」（1973 年 4 月 1 日制定施行）（以下、大学図書館規約）がある。以下の意見が出された。今までの相互協力の動きは図書館側からの働きかけによるものがほとんどで、横浜 5 大学図書館間相互利用制度は利用者からの要請に基づくもので、質的に大きな相違がある。相互協力が活発化する前提条件が整っていない。「神奈川県図書館逐次刊行物総合目録」の改訂版の刊行も考えられる。
第 2 回（1981 年 11 月 16 日　関東学院大学） 　神図協に加盟していない大学図書館もあるので、「大学図書館規約」は別に考えた方が良いとされ、この時点では、制度の複線化が考えられた。
第 3 回（1981 年 12 月 14 日　関東学院大学）
第 4 回（1982 年 2 月 8 日　関東学院大学） 　第 5 回横浜 5 大学図書館長会議と兼行、県下への拡大については以下の意見が出された。私立大学は不特定多数を利用対象とはしていないので手続き上のけじめが必要、県下に拡大するほどの利用者からの要求はない、共通閲覧証方式で統一することなく今迄の紹介状方式が現状ではベター、など、大学図書館の中でも相互利用に関しては意見が分かれていた。
神奈川県内大学図書館相互協力協議会
第 1 回（1982 年 5 月 24 日　関東学院大学） 　総会での会則承認により、神奈川県内大学図書館相互協力協議会の発足 （以降、統合まで継続）
神奈川県内大学図書館相互協力協議会連絡会
第 1 回（1982 年 6 月 21 日　関東学院大学） （以降、統合まで継続）

えられた。

第4回では、県下への拡大については以下の意見が出された。大学図書館の中でも相互利用に関しては意見が分かれていたことがわかる。

- 私立大学は不特定多数を利用対象とはしていないので手続き上のけじめが必要
- 県下に拡大するほどの利用者からの要求はない
- 共通閲覧証方式で統一することなく今迄の紹介状方式が現状ではベター

以上の意見は、5大学が主導する会議において話し合われた結果、5大学から県内に拡大する方向にまとまった。

《図2　神奈川県内大学図書館共通閲覧証》

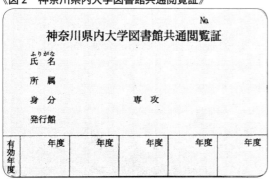

2.5. 神奈川県内大学図書館相互協力協議会

5大学ではじまった制度は、最終的には県内の他の大学図書館に広く呼びかけが行われた。県内大学図書館協議会の発足時は、1982年1月時点で県内に所在する46大学図書館のうち28大学が加盟館となった。

規約や様式は、国立大学図書館の先行例を参考に制定している。[6),7)]

現在は廃止されているが、共通閲覧証の様式は図2の通りであった。

国立大学図書館でも共通閲覧証による相互協力を1982年1月15日から実施したが、2000年6月には、共通閲覧証制度は、身分証明書、学生証の提示へと発展的に解消している。[8)] 一方で、県内大学図書館協議会では、統合まで共通閲覧証を使っていた。

2.6. 神図協加盟大学図書館相互利用規約

それ以前の相互利用には、「神奈川県図書館協会加盟大学図書館相互利用規約」（1973年4月）もあったが、館種横断的には機能していなかった。県図協では、相互協力に当面公共図書館は参加せず、大学図書館のみにて実施することとなった。この規約では、神図協加盟大学図書館相互利用規約と運用上の申し合わせ事項を掲載している。公共図書館と大学図書館では、設置主体もサービス内容も異なり、実際に足並みをそろえることは難しかった。[9),10)]

「2. 図書館協力」で述べたように、公立図書館と大学図書館は、設置主体が異なることはもちろん、図書や雑誌への収集の力点の置き方の相違による蔵書構成に特徴がある。一般市民や研究者などの利用者構成の違いもあ

り、館種を超えた図書館協力の運用には、40年以上前から現在まで継続するハードルが存在しているのだろう。

2.7. 総合目録と相互利用マニュアル

相互貸借、文献複写、相互利用による図書館協力において、自館で所蔵のない資料にアクセスするには、資料の所蔵館が判明しなければならない。複数の図書館における図書や雑誌の所蔵を調べるツールである総合目録は、図書館協力において、必須のツールである。

県内大学図書館協議会からは、「神奈川県内大学図書館統計資料総合目録（稿）」(1985)、「神奈川県内大学図書館相互利用マニュアル」(1987)、「神奈川県内大学図書館年鑑類総合目録（稿）」(1989)、「神奈川県大学図書館市民利用マニュアル」(1995)、「神奈川県大学図書館所蔵新聞目録」(1996) などの冊子体の総合目録や相互利用マニュアルが発行された。総合目録などの発行は、県内大学図書館協議会の主要な事業であり、加盟間の連携を密接にする効果もあった。

1990年代以降は、大学図書館では、総合目録のオンライン・データベースを形成するシステムである目録所在情報サービス（NACSIS-CAT/ILL[11]）が、国立情報学研究所により提供されている。公立図書館では、県内の個々の図書館のOPACの横断検索が、各県の県立図書館により提供されている。両方とも、インターネットに接続できる環境では、だれでも無料で利用できる。こうして、冊子体形式の総合目録の役割は終わった。また、事業としての総合目録の編纂もその役割を終えた。

3. 神奈川県図書館協会への統合

3.1. 神奈川県図書館協会

神図協に加盟している図書館の設置主体には、県市町村、国立大学、公立大学、私立大学、公益財団法人、社会福祉法人があり、設置主体に応じて、図書館の種類は、公立図書館、大学図書館、文学館、専門図書館、博物館、公文書館、議会図書室、資料館などがある。神図協加盟図書館は、公共75館、大学42館、専門14館である。[12]

3.2. 神図協・大学図書館協力委員会

神図協には、大学図書館に関する調査研究及び相互協力のための諸事業を担当する大学図書館協力委員会[13]が設置されている。統合に際して、神図協の大学図書館委員会が、その名称を大学図書館協力委員会として、「協力」を名称に加え、協力事業の継承を鮮明にした。改称前の大学図書館委員会と、県内大学図書館協議会には、両方の会の運営にあたる委員となっているメンバーがいた。そのメンバーの主導により、両方の会を運営する委員会の正式協議を経て、2つの会は統合した。[14]

2つの会の統合に際しては、調整が必要な場面もあった。協議の結果、加盟を大学単位とする神図協に合わせる方向で調整した。

- 会費の金額の差や、加盟を大学全体として中央館ひとつとするか、キャンパス毎とするか
- 加盟単位を大学とした場合、神奈川県外に所在する本部やキャンパスの扱い
- 2つの会で異なっていた協力手続きや書式の統一

・神図協に加盟していない館への加盟依頼
・県内大学図書館協議会に残る会費は県図協に繰り入れる
・神図協での相互協力の手続きの検討は、今後の課題とする

県内の大学から委員を出して、2つの会を運営するのは、委員が重なることもあり、業務上の負担は大きかった。統合による効果は2つある。

第1は、業務や経費の負担減である。県内大学図書館協議会の神図協への統合は、2つの組織運営における、相互協力に関わる事業の重複を解消し、組織運営の負担を軽量化した。会の統合で、会費が一つになり、経費の節減効果もある。

第2は、図書館協力のサービス向上である。県内大学図書館協議会の神図協への統合により、館種を超えた幅広い蔵書や教職員の知的資源の拡大も期待できるようになった。以下のように、発展的解消として評価されている。[15]

相互利用開始から32年、設立準備期間を含め35年間活動して参りましたが、平成27年度から神奈川県図書館協会と統合し、発展的に解消することとなりました。4月からは、同協会内に大学図書館協力委員会が設置され、相互協力活動等が引き継がれます。本協議会は解消となりますが、今後は、同協会加盟の公共図書館、専門図書館との館種を超えた、幅広い相互協力活動の展開への可能性も高まり、一層の発展が期待されます。

4. 館種や図書館を超えた連携の事例

4.1. 横浜市内大学間学術・教育交流協議会

大学間の連携が実施されている例である。「横浜市内大学間学術・教育交流協議会」[16]は、図書館設置主体の連携の例である。この協議会は、横浜市内大学間単位互換委員会と横浜市内大学図書館コンソーシアム委員会の2つの委員会を設置して、単位互換と図書館コンソーシアムに関わる事業を行っている。

横浜市内大学間学術・教育交流協議会の運営と単位互換に関わる事業は、各大学の教務を担当する部署が対応し、図書館コンソーシアムに関わる事業は各大学の図書館が対応している。単位互換では、協定により各大学で定めた単位数以内の履修では授業料が無料で、受入側の大学に科目履修生として登録され、学生証が発行される。発行された学生証によって、館外貸出も可能となる。図書館では、独自に学外者への貸出カードの発行などの特別な業務は発生せず、通常の学生利用者と同様の扱いとなる。連絡先は科目履修生として図書館業務システムに登録され、未返却図書の督促なども通常業務として行われる。

図書館コンソーシアムの手続きでは、所属大学の学生証の提示によって、コンソーシアム加盟校であることを確認し、来館による館内閲覧が可能となる。一般的な相互協力における紹介状をその都度発行する方式や、協議会における共通閲覧証による方式より簡便である。来館による閲覧に関して、利用者にとっても図書館にとっても優れた方式である。

大学図書館の設置主体である大学の連携や、神図協内の図書館同士の連携により、更なる軽量化も期待できる。

統合より以前の2013年の調査でも統合を検討した。その際の、3団体への県内大学図書館の参加状況を**図3**に示す。3つとも参加している10館がある一方で、3つに参加していない22館がある。参加館が複雑に絡み合っている状況がわかる。

今後は、県内大学図書館協議会を統合した神奈川県図書館協会大学図書館協力委員会が主導し、横浜市内大学コンソーシアムとの一体化も検討課題とすべきである。両者の運営組織は異なるものの、事業の内実は図書館協力である。県内大学図書館協議会の発足に学ぶことも可能である。

4.2. 大学発・政策提案制度

連携は、大学と地方自治体の間でも実施される。

神奈川県内の69大学が蓄積している知的資源や専門人材と県の協働により、多様化・複雑化する県政の課題を解決することを目的として、「大学発・政策提案制度」が平成21年度からスタートしている。大学からの提案を募集し、公開コンペ方式の審査により選ばれた提案について、大学と県が協働で事業を実施する。神奈川県政策研究・大学連携センター（政策局政策部総合政策課）が窓口となる、県の補助金事業である。

神奈川県「大学発・政策提案制度」によって「小学生が貴重書を"みる・さわる・つくる"」事業ははじまった。「小学生が日本と世界の古典籍類を実見・体感し、知性を刺激して感性を涵養するためのプログラムと教材の開発と実施の提案」は、横浜市の小学校、神奈川県立図書館、大学教員・大学院生との協働により、大学図書館を含めた4者の連携によって実現した事業である。小学校では、校長、学年主任、学校司書、ボランティアと、4者の協力で事業が成り立った。大学図書館

《図3　神奈川県内大学図書館の3組織への参加状況》

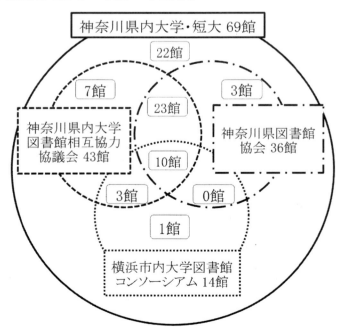

64 — July 2018

と大学教員との信頼関係と、大学図書館と県立図書館との相互協力関係が重要な基盤となった。

「大学発・政策提案制度」で、図書館が関係する事業は鶴見大学図書館と神奈川県立図書館による事業だけである。図書館の所蔵する貴重書は、学術研究におけるオリジナル資料であり、貴重書展示では美術品的な価値を持つ。大学図書館、大学の研究助成課、大学教員、県立図書館の連携による事業としても、蔵書としての貴重書のユニークな活用事例としても注目に値する。[21)-23)]

県立図書館と大学図書館の連携事業は、お互いの設置主体である県と大学を起点にして、従来の図書館協力の枠組みを超えている。新たな図書館協力の運営モデルとなる事業であった。

4.3. 神奈川県図書館情報ネットワーク・システム（KL-NET）

神奈川県における図書館協力は、県立図書館によって、県内で館種を超える有用なサービスに発展している。

KL-NET は、県内の図書館等（市町村図書館のすべてと一部の大学図書館など）の蔵書の横断検索サービスを提供している。さらに、県内の図書館が、自館で所蔵していない資料を他館に借用依頼したり、逆に提供したりする相互貸借のシステムでもある。[24), 25)] NACSIS-CAT/ILL の異館種統合県域版ともいえよう。県内を巡回する県立図書館の協力車や、宅急便を利用した物流システムによって、現物貸借における利用者の料金負担はない。県内の公立図書館への仕組みを、県内の大学図書館

に拡大した仕組みといえる。神奈川県立図書館と図書の相互貸借や図書館の相互利用などの連携を行っている大学図書館は 8 大学、KL-NET への参加大学図書館は 7 館ある。[26)]

KL-NET に参加している横浜国立大学では県内公共図書館への貸出 773 冊、借入 427 冊（2016 年度）と、県内の町村図書館の実績と遜色ない。[27), 28)] 館外貸出可能なこともあるが、大学図書館の蔵書構成から、専門図書の提供が多いと考えられる。大学図書館の利用者にも公立図書館の蔵書への要求は存在する。また、公共図書館の利用者にも専門書の需要が一定数存在することは明らかである。

現在、県内の大学の多くは KL-NET には参加していない。しかし、30 年以上前の県内大学図書館協議会の発足の例もある。当時を振り返り、設置主体が異なるものの、公立図書館と大学図書館の図書館協力の展開が期待される。

5. 図書館協力の再構築
5.1. 図書館協力の展開

大学図書館の地域連携の調査に、[29), 30)] 神奈川県内のこれまで述べた事例を加味し、連携の組み合わせの修正図を**図 4（次頁）**で示した。以下に、図書館協力の現状と今後の方向を、3 つのエリアに分けて説明する。

図 4 の点線のエリアで、［1］は異なる蔵書構成を持つ図書館の相互協力、［2］は所蔵資料の利用対象の拡大、［3］は貴重書の活用の転換である。

［1］公立図書館と大学図書館（図 4［1］：
神図協は、KL-NET の検索・物流機能により、館種を超えた一層の資源共有の機能を

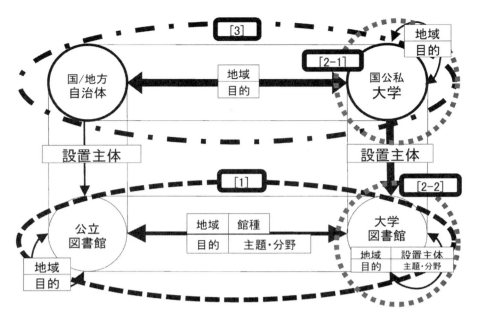

《図4　図書館協力の展開図》

果たすことができる。

[2] 大学と大学（図4 [2]）：横浜市内大学間学術・教育交流協議会は設置主体の協定（図4 [2-1]）で、個々の大学図書館も自動的に連携し（図4 [2-2]）、制度は円滑に機能する。図書館独自の相互協力との2重構造も、今後の大学と図書館の効率的な連携により解決可能であろう。

[3] 自治体と大学（図4 [3]）：大学発・政策提案制度は、県と大学の共同事業で補助金が獲得できる。[2]と同様に、公立図書館と大学図書館も自動的に連携する（図4 [1]）。また、異なる設置主体との共同事業として大きな広がりで展開する。

自治体と大学の連携は、図書館の設置主体同士の直接連携であり、図書館単独での協力の終焉の序章といえる。更に、近年の国立国会図書館のサービス展開をみれば、国内最大の図書館による個人向け直接サービスである。国立国会図書館の「遠隔複写サービス」[31]は個人も対象として[32]、一般の個人利用者の雑誌論文などへの複写サービスの需要を顕在化させた[33]。「国立国会図書館デジタルコレクション」[34]も同様である。これらは、従来の図書館協力の枠組みを省いた個人への直接サービスである。物流と決済システムの刷新による、図書館協力の大きな転換といえる。

改めて図4を見直せば、図で示した3つのエリアで共通するのは、当然ながら、「蔵書」や「ひと」である。図書館への資源配分が減速する状況である。図書館同士の資源共有の観点から、図書館協力を再構築し、「蔵書」や「ひと」を有効に活用すれば、図書館サービスの新たな展開を切り開くことができる。

5.2. 図書館運営の三層構造から

岡本等による「図書館の二階構造」[35]は、1階を「情報・知識へのアクセス」と、2階を「賑わい／まちづくり」としている。二層構造を拡張し、1階と2階の土台として、図書

館業務システム、図書館運営、図書館協力を加え、図書館の全体像を、「図書館の三層構造」として示した（図5）。

《図5　図書館の三層構造》

応用部分 （2階）	交流、出会い、ひろば、にぎわい
通常部分 （1階）	蔵書、施設・設備、ひと
基礎部分 （土台）	図書館業務システム、図書館運営、図書館協力

　基礎部分には、図書館業務システム（資料組織、貸出、OPACなど）、図書館運営（予算管理、施設管理、人的資源管理など）、図書館協力を配置して、通常部分（貸出、閲覧、レファレンスなど）を支えている。応用部分には地域活性化や課題解決なども含まれるが、単独で展開できるものではなく、基礎部分と通常部分によって支えられ、展開されている。

　本稿で取り上げた図書館協力は、図書館に関わる関係者、関係団体・組織の広がりとともに、その仕組みが大きく変容しつつある。図書館が社会的に改めて認知されるために、図書館協力の全体構造を把握し、図書館全体で図書館協力の可能性を考えるきっかけになることを期待したい。

【参考文献】
1) 萩原富夫「神奈川県内における図書館相互協力の現状と展望」『大学図書館研究』46：1995, pp.13-19　https://doi.org/10.20722/jcul.949
2) 新出「公共図書館：図書館協力とネットワーク，県立図書館を中心に」『図書館界』61(5)：2009, pp.334-345　https://doi.org/10.20628/toshokankai.61.5_334
3) 菅原聡；長谷川豊祐「神奈川県内の大学図書館における地域連携」『大学図書館研究』99：2013, pp.1-13　https://www.jstage.jst.go.jp/article/jcul/99/0/99_201/_pdf/-char/ja
4) 日本図書館情報学会用語辞典編集委員会編『図書

館情報学用語辞典. 第4版』丸善, 2013, p.175
5) 森田容好「県内大学図書館相互協力制度確立の経緯について」『神奈川県内大学図書館相互協力協議会会報』1：1986, pp.1-2
6) 図書館相互協力調査研究班『国立大学図書館における図書館相互利用制度の整備』第27回国立大学図書館協議会総会，昭和55年6月，15pp.
7) 「国立大学図書館間相互利用実施要領，同　実施細則」『静修』18(2)：1982, p.1　https://repository.kulib.kyoto-u.ac.jp/dspace/bitstream/2433/36894/1/s180201.pdf
8) 「国立大学図書館協議会関係年表」(p.21, 27)，「国立大学図書館協議会の歩み」(p.11)．第50回総会記念誌（資料集）　http://www.janul.jp/j/publications/50kinen/　共通閲覧証及びその申し込みについての申し合せ事項を常務理事会・理事会で承認。1982年1月15日から国立大学図書館間相互利用実施。2000年6月28日〜29日第47回国立大学図書館協議会総会にて共通閲覧証の廃止を決定。
9) 松川昇太郎「大学図書館の相互協力について」『神奈川県図書館協会報』84：1972, pp.1-2
10) 木村一仁「神奈川県内における大学図書館相互協力組織化の経緯」『神奈川県図書館協会報』84：1972, pp.2-3
11) 目録所在情報サービス（NACSIS-CAT/ILL）について　https://www.nii.ac.jp/CAT-ILL/about/
12) 統計「神奈川の図書館」神奈川県図書館協会加盟図書館分布図　神奈川県図書館協会のWebサイトに掲載　http://www.kanagawa-la.jp
13) 大学図書館協力委員会の概要と加盟　神奈川県図書館協会のサイトに掲載　http://www.kanagawa-la.jp/
14) 「神奈川県図書館協会との統合による発展的解消について」『神奈川県内大学図書館相互協力協議会会報』53：2015, p.1　神奈川県図書館協会のWebサイト　http://www.kanagawa-la.jp/「大学図書館協力委員会から」に掲載
15) 小林利幸「神奈川県図書館協会の活動と館種を超えた連携について」『神奈川県内大学図書館相互協力協議会会報』53：2015, pp.1-3　神奈川県図書館協会のWebサイト　http://www.kanagawa-la.jp/「大学図書館協力委員会から」に掲載　都道府県協会に大学が加盟している都道府県は、神奈川も含め15都県であることは、神図協の特色の一つでもある。
16) 横浜市内大学間学術・教育交流協議会　http://www2.kokugakuin.ac.jp/ygakukyo/index.html
17) 3) に同じ。
18) 大学発・政策提案制度これまでの採択提案　http://www.pref.kanagawa.jp/cnt/f5902/p717861.

html

19) 写真で見る!「黒岩日記」 2013 年 8 月 19 日平成 25 年度大学発・政策提案制度公開コンペ http://www.pref.kanagawa.jp/cnt/chiji/p687197.html

20) 『鶴見大学・神奈川県立図書館. 大学発・政策提案「小学生向け和洋古典籍実見・体感プログラム開発事業」中間報告書』鶴見大学・神奈川県立図書館, 2015 年 10 月 1 日 http://ccs.tsurumi-u.ac.jp/seminar/pdf/info/20151028.pdf

21) 「昔の本にさわってみよう!」小学生体験授業 2014 年 8 月 26 日. 神奈川県立の図書館「司書の出番!」 http://www.klnet.pref.kanagawa.jp/recommend/?p=2051

22) 「昔の本にさわってみよう!」2014 年 7 月 25 日（金）. 鶴見大学図書館 Blog http://blog.tsurumi-u.ac.jp/library/2014/07/post-02aa.html

23) 「古い本にさわってみよう!」戸部小学校の巻 コア（2014 年 7 月 4 日）に掲載 http://www.klnet.pref.kanagawa.jp/koa/category/special/

24) 森あかね；森谷芳浩「図書館ネットワークを支える KL-NET の変遷——第 5 次システムまでの歩み——」『神奈川県立図書館紀要』12：2016, pp.20-45 https://www.klnet.pref.kanagawa.jp/information/pdf/kiyou012/kiyou012_02.pdf
1977 年 10 月：協力車の巡回が試行開始
1980 年 4 月：本格稼働、『協力車だより』発行開始。創刊号の「本の照会」コーナーは「WANTED」に発展。「WANTED」は、利用者からリクエストを受けた図書館が自館未所蔵で購入不可、県立両館にも所蔵がない場合に本の探索を呼びかけるもので、他館の所蔵データを容易に検索することができなかった当時において、「目録・所在情報」提供に替わる機能を果たしていた。その後、電子掲示板方式、インターネット版 WANTED に発展。
2005 年 4 月：横断検索・相互貸借管理システム稼働。事実上の分散型県域総合目録。横断検索には、データを取得する方法によって 3 種類あり、①個別解析型（スクレイピング）②WebAPI（Web Application Programming Interface）③大学図書館の事例で多い Z39.50 がある。①で対応。

25) 県民公開講座「図書館ネットワークの舞台裏」を開催しました「司書の出番」2015 年 8 月 27 日 http://www.klnet.pref.kanagawa.jp/recommend/?p=3422 KL-NET が図示されている。

26) 県立の図書館と大学図書館の連携について http://www.klnet.pref.kanagawa.jp/common/univ_colla.htm KL-NET 参加館リンク http://www.klnet.pref.kanagawa.jp/common/univ_colla.htm

27) ［横浜国立］大学概要 2017 pp.31-32 教育研究プロジェクト／附属図書館の状況 http://www.ynu.ac.jp/about/public/publish/general/pdf/ynu2017_31-32.pdf

28) 図書館協力貸出状況（事業統計 p.11） 平成 29 年度神奈川県立図書館事業要覧に掲載 https://www.klnet.pref.kanagawa.jp/yokohama/performance/h29nenpou.htm 横浜国立大学への提供が 438 冊、桐蔭横浜大学へは 311 冊と町立図書館並みに多い。

29) 3）に同じ。

30) 長谷川豊祐「神奈川県内の大学図書館における地域連携：図書館の活力の源と相互作用」『神奈川県内大学図書館相互協力協議会会報』52：2014, pp.1-3 神奈川県図書館協会の Web サイト http://www.kanagawa-la.jp/ 「大学図書館協力委員会から」に掲載

31) 遠隔複写サービス http://www.ndl.go.jp/jp/copy/remote/index.html 個人が国立国会図書館に利用者登録して、図書館を経由することなくインターネットから直接依頼できる。郵送で文献複写を受け取り、料金は、複写物が届いた後に郵便振込やコンビニ支払を選択できる。

32) 国立国会図書館の利用者登録について http://www.ndl.go.jp/jp/information/guide.html

33) 主題情報部科学技術・経済課 関西館資料部文献提供課「インターネット時代の科学技術情報サービス——関西館開館後の遠隔複写をめぐって——」『国立国会図書館月報』518：2004, pp.9-15 http://dl.ndl.go.jp/view/download/digidepo_1001797_po_geppo0405.pdf?contentNo=1
遠隔複写サービスは個人利用が、平成 H13 年度は全 85,000 件のうち 20%、平成 15 年度は全 210,000 件のうち 60% と、急激に増加している。全件数の伸びのほぼ全てが個人利用で、大学・公共・専門図書館の伸びはごくわずか。

34) 国立国会図書館デジタルコレクション http://dl.ndl.go.jp/ 1968 年までに受入れた図書などがデジタル化され、「インターネット公開」、「国立国会図書館内限定」、「図書館送信資料」の 3 種類の公開範囲を設けて提供されている。

35) 岡本真；森旭彦『未来の図書館はじめませんか?』青弓社, 2014, pp.98-99

以下の論文において、神奈川県内大学図書館相互協力利用制度は、「この間のプロセスについては、すべて図書館側でシナリオを作って、一気呵成に制度化を図った」（p.65）と、図書館主導で制度化されたことが明らかにされている。
雨森弘行「図書館ネットワーク：その誕生と軌跡」『Journal of library and information science』24：2011, pp.63-73 https://web.archive.org/web/20130328072940/

児童サービスの
これからを考える

公益財団法人江北図書館
館長

明定 義人
みょうじょう・よしと

公共図書館の児童サービスが 1960 ～ 70 年代の子ども観や発達観の枠組みのなかで語られ、語りつがれている。格差が拡大する社会にあって、児童サービスが担わなければならないこと、担わざるを得ないこと、それは何なのか、という問題意識をもって「児童サービスのこれから」を考察した。

はじめに 69
1. 1980 年代に児童文学は「崩壊」または「越境」した 69
2. 「大人へと成長しなければならないわけでもない」時代
   71
3. 絵本というジャンルの変化 71
4. 児童サービスの対象者は誰なのか 72
5. 児童サービスのこれから 72
   5.1. 知育玩具の提供・貸出 72
   5.2. 科学遊びと簡単な実験道具の提供 73
   5.3 アニマシオン 73
おわりに 74

はじめに

2016 年に『図書館評論』No.57（2016）で「子どもへのサービスのコレクション形成の課題――児童文学論・児童サービスにおける「作家論」の消失という地点から」を書いた。

「子ども観」「発達観」を現場からも「現代児童文学研究」の知見からも学ぶことなく児童サービスがすすめられている。このことに図書館員が無頓着であることを指摘した。

そこでは、児童サービスにおける「新しい物語論」が求められていることを提起した。

その後、児童図書館研究会の会報（2017 年 6 月号）で「現代児童文学と児童サービス」と題して、20 世紀末の現代児童文学の終焉

と児童サービスについて書いた。これをもとにサービスの資料論を展開するとともに、児童サービスのこれからについて、考察する。

1. 1980年代に児童文学は「崩壊」または「越境」した

野上曉は『越境する児童文学』（2009 長崎出版）のなかで「崩壊する児童文学概念」について、森絵都『カラフル』（1998）を紹介して、次のように結論づけている。

この作品を最初に読んだとき、マンガと張り合って進化を遂げたジュニア小説の持つエンターテイメント性と、児童文学を母

体にして自在に変容してきた、思春期文学の豊かな可能性を、シンボリックに物語っているように思えた。事実この作品は、その後に文庫化されて、子どもたちばかりでなく成人読者にもよく読まれている。つまり、既存の児童文学概念を拡張しながら、80年代後半から90年代後半までのほぼ10年のあいだに、子どもの文学は変容を重ね、児童文学という衣装（カテゴリー）に変わる新たな装いを必要とし始めたのだろう。そこにYAという市場的なコードネームが被ってきた。　　　　　　　　（同書p.107）

宮川健郎『現代児童文学の語るもの』（NHK出版　1996）の「1959年にはじまった、子どもの文学のひとつの時代がおわろうとしているのかもしれない」をもう少し先にすすめた論と言える。

『日本児童文学』2016年11・12月号でも「現代児童文学の終焉とその未来」が取り上げられている。座談会で佐藤宗子は、児童文学の側にあって、成長物語ではなくなった児童文学について、

　　まず幼年向けは別枠として残るだろう。それより上の読者層、すなわち小学校高学年以上向け、あるいはヤングアダルトといったあたりを、「一般文学」と分けて考えようとすることに、そもそもどういう意味、価値があるかということ自体を、もう一度きちんと考えることが、必要なのではないでしょうか。

と発言している。

野上がいうように、作家を児童文学者という括り方ができなくなっている。児童書として出版されると児童文学になり、小説として出版されると一般書になる、というだけである。読者にとって、森絵都同様、あさのあつこは作家であって、児童文学者という括りにはならない。

金井美恵子は「ものがたりなんかいくらでも本の中にあった」（『文藝』1996　春号）で、

　　児童文学のつまらなさというのは、読者を子どもに限定しちゃっているからでしょう。子どもに理解出来ないことが書いてあってもいいんですよ。後で読み返せばいいんだから。読者を子どもに限定していないんだなということが大人になってわかったものが、読み返してみておもしろかったということなんじゃないのかな。ハックルベリーなんて、少年小説とは言えないし、そもそも、ハックが「子ども」的じゃないですものね。

　　子どもに何がいちばんないかというと、過去ですよ。過去というものが子どもはないでしょう。過去の時間というのが。だから、子ども時代を回顧するという姿勢の中に子どもが出てくると、時間のずれをどう処理するかという問題が解決されていないものが多いわけ。要するに子どもというのは、過去の時間をもっていなくて、現在の中で生きていて、現在の時間も過去というものも全部未来に投影されているものですよね。わずかにある過去というのが、現在

という未来というか、全部向こう側に預けられちゃっている時間の中で生きている存在でしょう。『ノンちゃん雲にのる』は子どもが「時間」というものを初めて意識する瞬間が出て来るでしょう。あそこがなまなましいんですね。

と、児童文学の成立それ自体に疑問を投げかけている。

境界がなくなった、または曖昧になった児童文学を、児童サービスはどうとりあつかうのか、が問われる。

2.「大人へと成長しなければならないわけでもない」時代

ひこ・田中は『ふしぎなふしぎな子どもの物語──なぜ成長を描かなくなったのか?』（光文社新書　2011）で、

　　子どもの物語の変化は、近代が元々目指している社会と、これまで正しいと信じられてきた社会との間に生じてきたズレそのものに忠実に寄り添っている。
　　こう言い換えてもいいでしょう。大人社会の要請と子ども自身の欲望との間でバランスをとりながら描かれてきた子どもの物語は、相変わらず大人としてだけ振る舞っている大人社会から見れば奇妙でも、子どもの側から見ればこうしか見えない、こう考えるしかない大人と子どもの差異が減少した世界を正直に描いているのです。

（同書 pp.363-364）

と現代児童文学が直面している状況の背景を

評している。

漫然と所与のものとして受け取ってきた現代児童文学の内部において、その存在自体が問われてきている。

現代児童文学の終焉について、児童サービスの場でも論じられることが求められている、そのことに敏感でありたい。

児童サービスが対象にするフィクションは、（佐藤と通じるところであるが）「乳幼児・児童向け絵本」と「幼年文学」、「1980年代あたりまでの児童文学（理論社の大長編シリーズや福音館の「日曜文庫」などは除く）」ではないか。80年代以降の児童文学については、YA で括るか一般書扱いにするのがよいのではないか、と考える。

ノンフィクションについては、主題のある絵本も含めての NDC4 〜 5 桁分類の「混配」が妥当だという立ち位置にある。

3. 絵本というジャンルの変化

他でも書いているが、通常、絵本は形態で分類されているだけで、主題で分類されてはいない。従来行われてきたのは、乳幼児向け絵本と物語絵本、知識の絵本という種類の分け方であった。

その物語絵本に子どもを対象に限らない、対象にしない作品が登場してくることで、児童コーナーの絵本の棚が混乱する事態が生まれているのに、あまり論じられていないのである。

物語絵本が子ども向けに限らなくなっているのに、絵本の扱いが児童サービスに所属する、という思考停止状態にある図書館が見うけられる。少なくとも、YA 向けに作られた

絵本は児童コーナーから外すという選択をする必要がある。

アダルトチルドレン向けに生まれた絵本が児童コーナーにならんでいるということに鈍感になってはいないだろうか。

主題をもつ絵本については、これまでも論じてきたことなので、ここではふれない。

4. 児童サービスの対象者は誰なのか

これについては、『図書館評論』No.51（2010）に「乳幼児サービスから「子育て支援に関わる人々へのサービス」への転換」（明定）で直接サービスから「子育て支援に関わる人々へのサービス」が児童サービスの中心になる、と提起した。乳幼児・児童・保護者への直接サービスが続行することは当然であるが、学校、教員も含む子育て支援に関わる地域の機関・団体・組織とそれに所属する人々へのサービスの展開が求められている。

図書館が直接サービスできることは限られている。学校への団体貸出等によって、より広範囲にサービスを展開できるのである。

児童サービスが健常者の本好きの児童を対象にしてきた歴史がある。いわゆる「良書」を楽しめない子どもたちに児童図書館員はどういうまなざしを向けてきたのか、が問われる。

そのことは、児童サービスから障碍者を排除することでもあった。発達障害の子どもたちへの支援はできているのか。発達障害の児童とその保護者、担当教員へのサービスの視点が欠けてはならない。

5. 児童サービスのこれから

現代児童文学の終焉や絵本表現の拡張、サービス対象としての子ども中心からの脱却、といった変化の中、物語を子どもにとどける、物語と子どもをつなぐ、という旧来の（とあえて表現する）児童サービス観が、実体として崩壊している。まずは、このことを理解する地点から、児童サービスのこれから、を考えることが求められている。

5.1. 知育玩具の提供・貸出

滋賀県伊香郡高月町立図書館（現長浜市立高月図書館）では、1993年開館以来、知育玩具の提供をしている。それ以前にも玩具を提供する館はあったが、これにより積極的に取り組んでいる。

「ピクチャーパズルの一考察」（福岡・大方・広川『日本保育学会大会研究論文集』(54) 2001）によると、

保育者や母親の意見に見られるようにP（ピクチャーパズル）は優れた遊具としての特性を持つ。中でも、①子どもの注意を惹く（注意力の集中現象）がみられる。②子どもが遊びながら誤りを発見し、訂正していく遊び。の二つの特徴について述べたい。①、②共モンテッソーリ教具の持つ特性と共通であり、とりわけ、②はPのゴールの完成図（絵）を目指し、子どもが間違った時に自らその誤りを発見し、自分で訂正することができる。これはただ知性の発展のためばかりに大切なのではなく、幼児期に育てたい秩序感の形成、道徳的な心を育てるためにも重要な役割を果たすと考える。

とある。

知育玩具の提供は輸入玩具会社ニキテキの商品が中心である。

知育玩具で遊ぶ時期は短い。良質の玩具は高額でもある。図書館が提供することの意味合いは大きい。

「かるた」や「絵あわせ」といったカードゲームも提供してきた。

情緒的な（道徳的と言ってもいい）領域に傾きがちな児童サービスの現場に、こうした論理的思考を促す資料を提供することで、子どもの知的発達に関わるサービスが展開できることになる。

「ミッケ」や「ウォーリーをさがせ」の傍に「もりのえほん」や「旅の絵本」がならばないのは、子ども向けの資料群を俯瞰的に見ないで、物語絵本の周辺としか認識できていないからではないだろうか（このことについては、現場にいた頃には気付かなかったのだが）。

5.2. 科学遊びと簡単な実験道具の提供

児童サービスで科学遊びを取り入れる事例はそう多くはないようである。児童図書館研究会や科学読物研究会の会報で、図書館の事例が取り上げられないことが、これを傍証している。

折り紙を講座や行事に取り入れている例はあると思うが、ものづくりや、簡単な実験道具の提供については、見聞できていない。

仮説実験授業研究会の関係で、大道芸のように仮説実験のたのしさがわかるプランを研究している「大道仮説実験」という取組がある。「大道仮説実験は、時間が短いので、科学の原理原則・イメージがよくわかるところ

まではいかないかもしれませんが、それでも仮説実験のたのしさは体験」できるのである。

明定も「吹き矢の科学」や「くうきとみずの実験」をしたことがある。ストローに綿棒を入れて行う実験で、ストローの手前に綿棒を入れて吹いたときと、先の方に入れて吹いたときでは、どちらが遠くに飛ぶか。ストロー一本のときと、二本のときではどうか、などおおいに盛り上った。

仮説社から出版されている「ものづくりハンドブック」は、児童サービスの現場でもっと活用されてよいはずなのであるが、実践報告がない。

科学遊びと簡単な実験道具の提供は今後の課題である。

5.3. アニマシオン

学校支援では、アニマシオンの知識の獲得も必要である。

アニマシオンの一つに「物語バラバラ事件」がある。物語の一部をカードに書き、それを順番に正しく並べるゲームである。高月図書館時代に「唱歌・童謡バラバラ事件」カードをこしらえ、小学校で実施したことがある。読書週間の学校での行事のために貸し出したことがある。このカードは、大学の講義でも使っている。

大こくさま

> だいこくさま　の、いう　とおり、
> きれいな　みずに、み　を　あらい、
> がま　の　ほわたに、くるまれば、
> うさぎ　は、もと　の、しろうさぎ

だいこくさま は、あわれ がり、
「きれいな みずに、み を あらい、
がまの ほわたに、くるまれ」と、
よくよく おしえて、やりました。

おおきな ふくろを、かた に かけ、
だいこくさま が、きかかる と、
ここに いなばの、しろうさぎ、
かわを むかれて、あか はだか

だいこくさま は、だれ だろう、
おおくにぬし の、みこと とて、
くに を ひらきて、よのひと を、
たすけ なされた かみさま よ。

読み札

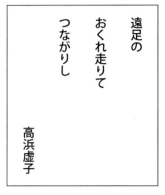

遠足の
おくれ走りて
つながりし

高浜虚子

取り札

おくれ走りて
つながりし

高浜虚子

　こうしたカードが、「牛若丸」や「鞠と殿様」「浦島太郎」といったカードとともに混ざっていて、それをグループで正しい順に並べるアニマシオンである。
　また、「俳句であそぼう」というアニマシオンのカードも作成した。これも講義で使っている。（「短歌であそぼう」もつくったが、短歌の方は俳句と違って、当てるのが難しい。俳句には言葉のつながりに飛躍があり、分からなかったことが分かるようになる瞬間を体験することで、脳の活動が活性化する「アハ体験」が得やすいのだろう。学生たちは大いに楽しんでいる）。

　この百人一首のようなカードを40〜50枚作成し、学生を対象にアニマシオンをした。
　小学校高学年向きの俳句の本から句を選んでいる。著作権が切れた名句を用いるとよい（著作権があっても、利益を生まないなら難しく言う俳人がいるとも思えないが）。

　こうしたカードが商品として市販され、図書館で貸し出すことで、教育現場に拡がる可能性も考えたいが、目下のところ手製である。
　川柳や短歌のカードも作成してみたが、これらは学生にとっても難解であった。

おわりに

　アクティヴ・ラーニングが教育現場で導入されつつある。これについての知識も必要である。
　教員や子どもを取りまく人びとへのサービスをおこなう比重が、児童サービスでますます大きくなる。図書館の児童サービスには、公教育でくくれない教育の多様化の選択肢の一つとしての可能性があるのではないか。

アクティヴ・ラーニングとどのような形で児童サービスが関わるのか、が問われることになる。

これまでの児童サービスは、直接サービスの面を見れば、図書館に来るいわゆる「よい子」を中心にしていた。図書館があってもなくても「しあわせ」を感じながら成長できる子どもたちを軸にしてきた。「本好き」になった子どもを対象にしてきた。

図書館を必要としているのは誰なのか、を問わないで「幸福な児童図書館員」をすごしてきた図書館員に、期待できることは何もない。

格差が拡大する社会にあって、選ばれることを前提にしている社会教育のひとつである図書館は、格差を拡大する側に向かって何が出来るのか。ゆとりのない階層に何が出来るのか。

このことを問わずして、「美しき」児童サービスを語るのは、「パンがないなら、ケーキをお食べ」と言っていることになるのである。

児童サービスのこれから、を考えることができるのは、経験のあまりない、古い思考の影響をあまり受けていない図書館員であるだろう。

読書＝文学ではないのである。

読書には「実用の面」がある。

そこのところにも、考えをめぐらせたい。

戦後の図書館界を支えた図問研

———図問研60年の歴史に学ぶ

東京支部

大澤 正雄
おおさわ・まさお

　図書館問題研究会（以下、図問研）の成立から60年、戦後日本の図書館発展のながれを図問研の歴史を通して概観する。

　戦前の暗黒時代をすぎて平和な民主国家をめざす日本は、その証として新しい憲法理念にもとづいた図書館法が成立した。しかし、時代は民主とは逆の方向に向かい自衛隊（最初は警察予備隊、そして保安隊）が新設され憲法9条との関係で問題をのこしてきた。

　本稿はその時代状況の中から生まれた図問研の歴史から学ぶものである。

1. 図問研の発足 77
　1.1. 図問研発足の社会的背景 77
　1.2. 図問研結成までの経過 77
2. 図問研の再建 79
　2.1. 再建鎌倉大会（第12回） 79
　2.2. 　図問研第14回富山大会 79
　2.3. 「まちがえた政治主義」と「表芸」「裏芸」の問題
　　　..79
　2.4. 「都市の図書館調査」 79
　2.5. 革新知事の誕生と東京支部の白書つくり 80
　2.6. 東京都の図書館政策 80
3. 動き出した図問研 81
　3.1. 住民から離れていた図書館 81
　3.2. 貸出重点と住民路線の実践 81
　3.3. 活発化する「図問研」活動 82
　3.4. 御殿場大会（第19回大会　1972.9.23～25）............82
4. 予約制度と学習権理論 83
5. 荒川区の配転闘争 83
　5.1. 陰山さん（東京・荒川区）の配転闘争 83
　5.2. 裁　決 84
6. 図問研への期待 84
　6.1. 活発化する図問研活動 84
　6.2. 『みんなの図書館』の創刊 85
　6.3. 図問研の出版活動 85
　6.4. 子どもの予約論争 85
　6.5. ピノキオ問題 86
おわりに 87

1. 図問研の発足

1.1. 図問研発足の社会的背景

敗戦から5年の1950年、館界をあげての図書館法が成立し日本の公共図書館は戦前の図書館運営と決別して新しい方向へ向かう予定だった。この年6月朝鮮戦争が勃発し、日本はアメリカの占領下のなかで先の戦争を指導した戦犯政治家たちが続々と政治に復帰し、戦後のつかの間の平和と民主主義は大幅に制限された。当時の人々はこれを称して「逆コース」と呼んだ。

そして、政治・思想弾圧があちこちで起き、読書会や図書館の運営に対して官憲の干渉や妨害を受ける事態が頻発し、メーデー事件を発端に「破壊活動防止法案」が準備された時代だった。

この直後このような動きを受けて、『図書館雑誌』7月号で当時の日本図書館協会（以下、日図協）事務局長有山崧が「九州大会・破防法」について図書館員の取るべき立場を示す「図書館の中立」論争を提起し、8月号に図書館雑誌編集委員会のよびかけ「図書館と中立についての討論を提案する」[1),2)] が出た。

これが契機となって、『図書館雑誌』上でその後1年間にわたって日図協会員による論争がおこなわれた。

また、当時の公立図書館は、依然として資料管理本位で、閲覧室にしばられた古い図書館観がまかり通っていた。これらの「戦前からの古い思想がまだ館界では支配的であり、現実に対する科学的研究が遅れ、建設的な意見を結集する場」がなかった。「したがって新しく創立された図書館法の精神を広く展開する組織」が必要であった。[3)]

1.2. 図問研結成までの経過

1.2.1. 結成までの胎動

『図書館雑誌』の「自由論壇」と同誌10月号で「第1回誌上討論会　図書館の抵抗線　中立についての意見」が発端となって、「図書館を守り、発展させていくための組織」をつくろうというアピールが、1954年3月、石井敦（日図協事務局）、中村光雄（豊橋市立図書館）、武田八州満（日図協事務局）の連名で出された。

その内容は、（1）私たちは図書館を国民のものとする組織をつくる。（2）この組織は正しい理論・方向をうちたてるために話し合いの場をもつ。（3）互いに正しいと認めあった理論を日常生活の中で行動し、必要に応じて、行動の場をひろげる。（4）館界内外有志の参加を歓迎する。（5）目的達成のため自分のすべてをつくす、[4)] であった。

1.2.2. 綱領の制定と発足

結成大会は、1955年5月大阪で開かれた図書館大会のあと、大阪府立天王寺分館でひらかれた。近畿、四国、北陸、関東各地の図書館員24名が集まりおこなわれた。

大会では会の性格について議論が集中したが、「民衆のための図書館づくり」を目標とする個人加盟の組織として発足することとなり綱領がつくられた。

会の性格については、「現実には追求されることのなかった図書館の戦争責任を念頭におき、過去に対する反省と批判はあくまでも厳しい姿勢を保った。そこには民主的な立場に立ち、実践を基礎とした科学的な図書館理論の確立をめざした。さらに、それを日常の

作業として実践へ戻す姿勢が示[5]」された。そして、「純粋にアカデミックなものか、政治的なものも含むか、あるいは研究団体なのか、労組的なものか等々」議論がはずんだ[6]。

図書館問題研究会結成宣言　宣言文

　日本の公共図書館は非常に大きな危機にぶつかっている。

　図書館を真に民衆のものとして発展させるか、又は、民衆から忘れられた存在として、かつての日蔭の道を歩まされるか二つの大きな岐路に立っている。

　それだけではない。現状の推移は、余程の力を集めない限り日蔭の道の方向から脱することが出来ない状態にまできている。このことの大きな原因は、第一に危機の実体が何であるか全国的に捉えられてないこと。従って第二に危機の対処する実践的な方策が混乱していること。第三に一部における努力の成果も、相互に交換され、また統一されないで消滅してしいること。第四にこれまでの理論は、公共図書館と大学図書館などその他図書館とを本質的に区別せずただ「図書館」という共通概念を中心に展開したにとどまり、民衆への奉仕を第一とする公共図書館の理論が研究されていないこと、などから来ている。

　公共図書館は、民衆の平和で、豊かな生活の向上を、その発展の基礎としている。民衆の不幸な生活の中に図書館の真の発展はない。

　この立場からわれわれは、公共図書館の発展にたゆまざる努力をつづけ、従来の図書館運動の成果を日常の場で再検討し、よ

リ図書館奉仕の理論を打樹て、実践してゆこうとするものである。

　われわれは、どうしたら民衆の要求に応えた図書館奉仕を行うことが出来るか、これを理論的に実践的に追求し、この中でこそ直面する危機を克服できると考える。そのためには、国民の平和な生活を求めて努力するあらゆる団体と協力することを惜しまない。

　以上、結成大会に当り宣言する。

1955.6.12

　　　　　　　　　　　委員会事務局

綱　領

　公共図書館の発展は、新しい時代の担い手である民衆の支持を受けてのみ可能であり、図書館奉仕も、平和な、明るい民衆の生活向上を目指してこそ、その意義を果すことができる。そのためにわれわれは、過去の図書館運営に対する厳しい反省の上に立って、現実の社会、政治、経済との関連のもとに、公共図書館の切実な問題をとらえ、謙虚な態度で図書館奉仕の科学的、実践的な理論を確立するように努力する。従って、この立場から、既存の学問上、技術上の偏見を正し、お互いの研究業績を批判的に発展させると共に、全般的なわれわれの研究成果をひろめ、日本図書館界の成果として、日常の場で実践する[7]。

1.2.3. 運動の停滞と「中小レポート」づくりへの参加

　図問研は発足したが、現場の図書館員たち

は日常業務に追われ、また、図書館のことを考える余裕がなかった。その時に日図協で図書館の全国調査を行うということで、それに参加した図問研の会員たちは広い視野で全国の図書館を視る機会に接し図書館についての考え方が芽生えていった。

2. 図問研の再建

2.1. 再建鎌倉大会（第12回）

第12回鎌倉大会は1965年11月22・23日と鎌倉市材木座「若宮荘」で開かれた。大会ではメインテーマを「図書館は何をするところか」を中心に討議が行われ、産業に奉仕する図書館から住民に依拠した図書館運営の方向性が話された。[8]

現場からの運動が広がる一方、文部省や館界の一部ではその民主的な方向に逆行する事件が起きた。

* 羽仁事件＝図書館大会で歴史学者の羽仁五郎の講演が文部省の干渉で取りやめになった事件。[9]
** 図書館短期大学事件（ぱぴるす事件）＝図書館短大自治会機関紙『ぱぴるす』に学生アンケートによる教員評価の掲載について短大側から発行禁止の措置。[10]

2.2. 図問研第14回富山大会

図問研として「貸出」を提起した歴史的な大会が1967年8月5日〜7日にかけて富山県・千寿ヶ原温泉、称名荘で行われた。

「中小レポート」の評価と貸出を伸ばす運動

会員は274名から322名に増加し、支部も8から9に増えた。「中小レポート」では図書館の機能を「資料提供」においている。この機能は国や自治体によって公平かつ自由に住民に保障されなければならない。これは、憲法の精神であり、図問研の基本的方向と一致しているとして、貸出を重点とした活動を提起した。

「公共図書館にとって、全域の住民に奉仕するのは基本であり、それは貸出を通じて初めて可能となる。もちろん、今の図書館活動の中には、地域的要求に基づく貸席の問題、読書相談や調査のための閲覧、集会活動等もふくまれている。しかし、全体として云うならば、貸出を伸ばすことによってのみ、住民の中に、『本は借りて読むものだ』という意識が常識的になり、税金のもつ意味が明確になる。このことが目下の急務であり、相対的な重点である。」とした。この大会で初めて「五つの約束」が提起された。[11]

2.3. 「まちがえた政治主義」と「表芸」「裏芸」の問題

図書館が社会的に評価されないなかで、会員の中には当時、原水爆問題や安保問題など政治的な情況に傾斜していく者もあった。現実の図書館活動の反映のないままに行われる世界の大政治状況に始まる現状分析の政治主義的方向に対してはもっと現実の図書館を分析せよとの批判をよびおこした。他方、これにあきたりない会員は日常の仕事（表芸）よりも、地域での文化サークルや学習会を組織し（裏芸）、もっと手っとり早く現状打開を考えるものは組合活動や平和運動などに埋没していった。[12), 13]

2.4. 「都市の図書館調査」

「都市の図書館活動」研究のための調査は、

文京区小石川図書館を中心に行うことになった。調査の手法は「中小レポート」の調査を参考にして行うこととなった。

調査は 1968 年 1 月 22 日から 24 日まで調査委員長酒川玲子さん以下参加者 16 名、東京近郊以外は大阪、富山、瀬戸、飯田から会員の参加があった。この調査結果については『図書館評論』8 号「"都市の図書館"調査報告（1）」としてまとめている。

2.5. 革新知事の誕生と東京支部の白書つくり
2.5.1. 美濃部革新都政の誕生

1967 年 4 月、日本社会党、日本共産党、労働組合、民主団体等多くの都民の推薦を受けて、東京都知事美濃部亮吉氏が誕生した。

2.5.2. 「東京の図書館白書」

東京支部では「新首長に対する図書館イメージ」を図問研の会員が中心となって「デッサン」し「考える素材の提供」をしていくのが東京の図書館員のつとめだと、小島惟孝支部委員長の呼びかけで『東京の図書館白書——貸出を中心にして』をまとめることになった。

支部活動としてまず見学をとおして実態を把握することを決め、すでに町田の地域文庫は見学し映画にしたので、豊島の区民文庫を 4 月に、国立公民館図書室を 7 月に見学しそれぞれの運営の現状を学んだ。この見学会はその後の東京の図書館政策づくりや小石川調査に大いに役立ち、東京都の図書館政策『課題と対策 1970』に先駆けて 1969 年 4 月『東京の公共図書館——貸出をのばすための実態調査報告——東京の図書館白書 1969』にま

とめた。

2.6. 東京都の図書館政策

都は 1968 年に『東京都中期計画一九六八年』を発表し、その副題を「いかにしてシビルミニマムに到達するか」とした。

また、図書館に対しては、東京都の公共図書館の振興施策『図書館振興政策の課題と対策 1970』を発表し、都立図書館の性格、都民のための図書館づくりとして、くらしの中に図書館を、都民の身近に図書館を、を発表し、①くらしの中に図書館を（年間都民 1 人当り 4 冊の貸出。当時 0.3 冊、現在 8.0 冊）、②都民の身近に図書館を（700m 圏に 1 図書館。当時 55% の市区町村に合わせて 81 館。現在 92% の市区町村に 385 館）、③図書館に豊富な図書を（人口 1 人当り 2 冊の蔵書。当時 0.3 冊、現在 3.7 冊）、④司書を必ず図書館に、との 4 本を柱とするものだった。

都政政策でありながら、市区町村の図書館振興を核としたもので、東京都はこの実現のために財源交付を含めた支援をおこなった。都立図書館については、「高い次元の都民の調査研究、情報要求にこたえる奉仕と、区市町村立図書館の機能を援助する」とし、中央図書館整備などを別途計画した。この計画が実施に移された初年度 1971 年度に東京都は、多摩地域の図書館建設補助金 1 億 941 万円を予算計上した。その年の政府の図書館建設補助金（図書館法第 20 条にもとづく）は 9000 万円（決算額は 1 億 657 万円）に過ぎず、翌年政府はあわてて 5 億円まで一挙に引き上げざるを得なかった。

東京都の、この図書館計画は全国の自治体

に図書館計画の策定や図書館づくりに弾みをもたらした。日本図書館協会の『市民の図書館』（1970年刊）と共に、立ち後れていたわが国の図書館を飛躍させる役割を果たすことになった。

3. 動き出した図問研

3.1. 住民から離れていた図書館

小石川図書館調査（都市の図書館調査）は社会調査のあり方を学ばせてくれた。だが、それよりの収穫は地域の労働者や住民が図書館というのは自分たちには関係ないものだという考えが根強くあったことだった。そこから、広く住民に図書館を利用してもらうためにはなにをしなければならないか、住民は役人が運営しているようでは寄りつかないということを心強く感じさせてくれた。

3.2. 貸出重点と住民路線の実践

富山大会での3本の柱（1.図書館の日常的な仕事を住民の立場で再検討し、その結果を実践しよう。2.図書館運動を住民の中にもちこみ、住民運動とのつながりを深めよう。3.職場での話しあいを徹底的にすすめ、官僚路線に対抗する民衆路線を打ち出し、図問研を強化しよう。）の具体的実践に向けての討議を第8回常任委員会（1968年4月25日）でおこなった。

重点を貸出の大幅な伸びに置き住民の立場で仕事を考えなおす、という第1の柱では「貸出しのもっている意味を、保存の機能やレファレンス・サービス等と並列的にではなく、先行させるべき仕事として構造的にとらえる必要性が強調」された。また、大量の貸出によって住民の要求とつながりを持つ基礎[14]

ができ、さらに、レファレンス・サービスなど他の機能の発展の基礎もできるという意味で、現時点では、貸出をのばすことがもっとも重要であるという考え方をもった。

この貸出理論から、次のことが生み出された。

（1）図書館発展のサイクル

図書館の三要素（資料、職員、場所）を基点として図書館、住民、議会、首長の4者を巡回することによって「図書館発展のサイクル」が生み出された。[15]

（2）予約制度の具体的な方法の提起

サービスの基本を、貸出しを伸ばすこと、利用者にとって使いやすい図書館にしていくことが、予約を通じて可能になり、「予約制度」が利用者にとって役に立つ図書館に脱皮していく道筋であった。それは、さらに相互貸借を生みだし、そのことが都道府県立図書館や国立国会図書館の機能を明らかにしていった。これは、図書館網を下から組織化する具体的な方法であった。[16]

（3）児童図書館の重視

「住民の図書館要求のうちで、現在もっとも顕著なのは子どもたちのためのものである。良い本を沢山読める施設としての児童図書館（室）は住民の要求となっている。この事は地域要求の調査、小石川図書館調査を始め」、文庫運動が盛んになり、「久米川電車図書館」（東村山市久米川のけやき文庫が西武電車の古い車両を自治会の援助でもらい受けてはじめた。）の開設にあらわれていた。[17]

（4）職場での話し合い強化と図問研組織の拡大

住民との対話がなされても、図書館側に住

民要求を生かす態度が不十分だと住民は期待を失う。図書館からこうした官僚性を消していくためには、住民の側に立って、官僚路線に対抗する姿勢を忘れてはならない。職場討議の必要な理由はここにある。職場の団結を高めていくことが、職場から官僚制をなくしていくことに繋がっていくのではないか。

3.3. 活発化する「図問研」活動

小石川図書館調査は図問研活動に大きな活力を与えた。いままで、図書館の中だけから利用者住民を見ていた図書館員、とりわけ図問研会員に対して大きな衝撃を与えたと同時に、図書館とは何か？ 図書館活動はどうあるべきかを問いかけるものとなった。それは、14回大会で決めた「貸出重視」「住民の中に入って活動しよう」「職場の話し合い」などが図書館員の意識を変革させるものとなった。

3.3.1. 都立日比谷図書館への文化人館長杉捷夫氏の就任

1969年にはいると、1月に都立日比谷図書館長に杉捷夫氏（元東大フランス文学教授）が土岐善麿氏（1951.3 〜 55.6）以来の文化人館長として、従来の官僚館長に変わって就任した。このことは画期的なことであった。美濃部都政になって1年有余、憲法を掲げた民主都政の快挙であった。

3.3.2. 活発化する各支部活動

東京支部では『東京の公立図書館白書』が3月に刊行された。これは、東京の公立図書館の貸出の問題を具体的に検討し、その重要性を認識し、住民のための図書館への政策づくりの素材として十分役立つものだった。これを、題材として東京都図書館協会（TLA）の総会で『白書』を中心として、貸出の問題についての討論会を持った。

その後、図問研では各地で学習会が組織され、東京が「図問研教室」、大阪は「図問研塾」、神奈川で「図問研講座」が開校された。

3.3.3. 障害のある人たちに対するサービスの提起

図問研第18回大会は71年9月大阪の箕面・勝尾寺で152名の会員参加を得て盛大におこなわれた。黒田了一大阪府知事からの祝電、大阪公共図書館協会会長（大阪府立図書館長）松尾一夫氏の挨拶があった。松原市の「雨の日文庫」をはじめ大阪の文庫や住民運動の人たちが参加し、また障害をもった人たちも参加した夜の交流集会は盛会だった。分科分散会は「予約と読書案内」「住民と図書館」「専門職」に分けて活発な討論が行われた。[18]

この大会を契機に視覚障害者に対する図書館サービスが「貸出を伸ばす運動」とあわせて、「教育を受ける権利」を保障するためにその条件整備を行っていくことの必要性が議論となった。ここでは憲法26条の教育の項目は教育基本権としてとらえるべきで、中教審の「"能力主義"との対決」を明らかにした。[19]

3.4. 御殿場大会（第19回大会　1972.9.23 〜 25）

この大会の意義として「過去10年の図問研活動の総括の上に立って長期の展望を確立していくこと。そのためには今まで築きあげてきた理論の上に立って住民の学習権を守る運動を具体的に追求する場にしていく。」を

定め、大会での討議を経て図問研の大きな跳躍台とするとした。

大会の基本方向としては、①「貸出を伸ばす」運動を具体化していく。②専門職問題。③地域住民との共闘。④図書館員の労働の問題。⑤国立国会図書館、都道府県立図書館のあり方。⑥日図協、児図研（児童図書館研究会）、社全協（社会教育推進全国協議会）との協力・協同。⑦図書館学教育（図書館短大、司書養成の問題）等だった。そして、はじめて住民が参加した大会だった。[20]

4. 予約制度と学習権理論

貸出を阻害している要因（入館票、煩雑な貸出登録事務、閉架式書架など）を取り除く運動からはじまって、貸出の増加に伴って「予約制度」を生み出した。[21]

「『市民の図書館』は、なぜ図書館が貸出しをするのかという大事なことに答えていない。ただ、公共図書館が税金でまかなわれているから無料で貸出を受ける権利があるのだというような言い方をしている。これは論理的におかしい。図書館が住民の学ぶ権利を保障するために無料で資料を提供することが前提となっているのであって、そのために税金をつかって運営することが必要なのである。学ぶ権利を保障することは究極的には生存権の保障にもかかわることで、人間にとって学ぶということは生きて行くために欠かせないものになっている。」[22]

さらに「学習権保障」は蓄積された過去の資料、未来に向けての計画的な資料構築がともなわなければならない。その意味から、図書館の事業は公共機関が責任を持って運営す

ることが肝要であり、一過性の運営による継続の寸断が行われる委託や指定管理の運営は図書館の公共性を否定するものと言える。

天満隆之輔氏は『図書館評論』10号に「『学習権』を成り立たせるもの」を書いた。[23]

5. 荒川区の配転闘争
5.1. 陰山さん（東京・荒川区）の配転闘争

東京・荒川区で職員の配転があった。

1973年4月13日、東京・荒川図書館で2人の司書が発令前日、突然内示をうけ、1人は土木部公園課、もう1人は厚生部国保課へ配転辞令だった。

図問研はこの配転闘争を東京の「図書館の人事行政の貧しさを正して」いくため組織をあげて取り組んだ。

（1）伊藤さん、陰山さんの見解

伊藤由美子さんと陰山三保子さんは図書館の仕事を続けたい意志を述べ、内示を受けなかった。

内示申し渡しの際、二人は異動内容と理由を詳しく聞いたが理事者は「行政全般を知ってもらい見聞を高めてもらいたい。職場のマンネリ化をなくしたい。」という見解のみで、二人が一生図書館で働きたい意志でいること、自費で図書館学講習を受け図書館の仕事に生かしていること、そして図書館が3館に増えたとき、司書有資格者が実質的に、新しい人たちの指導に当っていた事実についての質問には、理事者は一切答えようとはしなかった。

（2）理事者側の異動理由

理事者側は①一般職として採用したのだから異動基準に従って動いて、多くの職場を経験してほしい。②基準の特例事項として認め

られるのは客観的条件がある場合に限られ、その場合でも適当な時期に異動対象とする。③尾久・南千住図書館の職員に対しても、配属された時点から起算し基準を適用する。を繰り返すのみだった。

（3）組合側の見解

二人の訴えに対し執行委員から出た発言は、①仕事に生きがいを持つのは労働者として傲慢である。②図書館で働いている人たちがみんな二人のような考え方に立って仕事をしているわけではない、そういう意味では図書館分会は必ずしも二人を支持してはいない。③基準自体、歴史的背景があるが、職場の実態に合わせて今後変えていく方向も考えられる等、二人の訴えに対して具体的に対策を考える発言は出なかった。[24), 25)]

5.2. 裁　決

裁決は 1978 年 10 月 12 日におこなわれた。内容は予想していたとおり処分者側行為の是認であった。しかし、最後の方で「たしかに司書職制度が採用されていない任用制度下においても、当初、一般事務職として採用され、図書館に勤務している職員が、その後勤務継続中において司書の資格を取得したような場合には、むしろその取得した専門的知識と司書の資格を積極的かつ有効に活用するよう人事配置上適切な配慮をすることこそ人事当局に望まれるところであろう。」と処分者側に対して合理的な事業をおこなうことの必要性が勧告された。

『資料集』第 5 集及び『みんなの図書館』1978 年 12 月号に全文が収録されている。

6. 図問研への期待

6.1. 活発化する図問研活動

御殿場での第 19 回大会は今までになく、住民や学生を含めての大きな大会となった。その結果、入会者が大幅に増え、1972 年 9 月の 19 回大会現在で 824 名だったのが、翌 73 年 8 月 20 回大会直前で 929 名と 1 年間で 100 名増となった。

73 年は山口県立図書館で図書封印事件が起きた。図問研でも第 20 回大会で取り上げ、「図書館の自由」問題として討議された。さらに、この年 10 月の図書館大会でも開会式の挨拶で当時の森戸会長が 1954 年の「図書館の自由宣言」に触れて僅かであったが言及した。

6.1.1. 農村部の図書館調査

1973 年 3 月 11 日・12 日と第 1 回図問研東北集会が仙台で開催された。これは、仙台市民図書館の黒田一之さんを中心とした東北の図書館員が、東北での図書館問題を考え、研究する場として催したものだった。これには、黒田さんの他、青森県立の三上強二さん、岩手・北上市立の斉藤彰吾さんなどが参加され、福島県立図書館の竹花孝司さん、平形建一さん（1973 年 4 月から宮城県図書館）らが中心となって活躍された。この集会は北上調査やその後の喜多方調査の礎になった記念すべき集会であった。

1974 年 6 月に北上市の図書館調査を実施した。[26)]

1976 年 6 月、福島県の喜多方市の図書館調査をおこなった。[27)]

6.1.2. 理論集会の開催

図書館理論の研究として「(I) 図書館事業についての実践を整理・理論化・客観化する。(II) その討議の結果を整理して図書館科学の領域と構造を確立してゆく試みを開始する」ことを目的として毎年冬季に開催することとして、第 1 回理論集会が 1975 年 2 月 9 日・10 日に行われた。[28)]

6.2.『みんなの図書館』の創刊

活発化する各地での活動や理論集会など、会員をつなぐ媒体として今まで充実してきた『会報』を月刊誌化して、図問研会員以外の図書館に関心のある人たちや文庫や図書館づくり運動にたずさわっている各地の人々を結ぶものとして図問研機関誌『みんなの図書館』が創刊された。これは表題の上に「国民生活と図書館を結ぶ雑誌」と標記された（2001 年 1 月号からなくなった）。この標記が表すように、図書館の発展は図書館でだけでなく幅広い国民に支持されてこそ図書館は発展するものという願いが込められていた。これは、今までの"仲間うち"だけの機関誌から、「さらに輪をひろげて、広くこれら図書館運動に関心をもつすべての人々」（酒川肇「創刊の辞」）のものとして創刊されたものであった。

6.3. 図問研の出版活動

図問研の活動が活発化するにしたがって、図書館科学の確立をめざす活動ということで、理論集会を始めさまざまな研究活動に取り組んでいった。理論集会は 3 年目を迎えて、内容もやっと落ち着きを見せてきて、報告も多岐にわたった。図書館の自由や貸出方式の優

れたレポートが出された。

図書館労働は公務労働として国民にどのように奉仕していくかなどの研究もおこなわれた。その研究の成果を『図書館評論』で発表した。

1976 年 10 月には『図書館づくり運動入門』が発行され、全国で行われつつある図書館づくり運動に大きな影響を与えた。会員の著作として清水正三さんの『戦争と図書館』、森崎震二さんの『いま図書館では』、徳島・藤丸さんの『図書館の理念と実践』が発行された。これらの著作は書評紙や一般紙でも取り上げられ、図書館関係者のみならず一般の人からも高い評価を受けた。

時代が大きくかわっていく時期でもあり、さまざま実践を通して生まれた理論の矛盾に対して図問研の試された時期でもあった。それは 1975 年の子どもの予約論争、1976 年名古屋で起きたピノキオ問題、陰山さん復帰の運動等が図問研を理論的にも組織的にも大きくしていった。

6.4. 子どもの予約論争

"子どもの予約論争"のきっかけは、『会報』158 号（1975 年 2 月 1 日発行）に、名古屋市瑞穂図書館の"子どもの予約ベスト 15"が載ったことからだった。東京新聞、朝日新聞等でもとりあげられ当時、大きな話題となった。

この頃、図問研では都市型ではなく地方型ともいえる地域の風土に根ざした図書館を模索すべく、1973 年に東北集会が開かれたのを契機に、1974 年 11 月の第一回中部ブロック集会（愛知・岐阜・長野支部）の子ども分科会での予約の論議のもようを、『会報』に報

告してもらい合わせて"子どもの予約ベスト15"を掲載した。

これに対して、雑誌『市民』が1975年12月号に、「公共図書館を問い直す」と題して、「住民の求める資料を提供するだけでよいのだろうか」と主筆の論文に併せて、花木恵子氏が「気になる子ども図書館」、続いて富山久代氏が「不毛な図書館論」を掲載した。[29), 30), 31)]

これは子どもの「選択権」に対する雑誌『市民』からの「選択論」論争であって、現在でも「まんが」や「ボーイズ・ラブ」の選定に通ずる提起となった。[32), 33)]

6.5. ピノキオ問題

名古屋市で、1976年11月26日「『障害者』差別の出版物を許さない、まず『ピノキオ』を洗う会」（24日発足、以下、「洗う会」）が「『障害者』差別の童話『ピノキオ』の全面回収を求める」アピールを発表し、新聞で報道された。一方、教委側は25日「洗う会」の抗議を受け、直ちに図書館に連絡した。名古屋市鶴舞中央図書館（市内14館の統括館）では27日の新聞報道もあり、館長・副館長の行政的対応で児童室の「ピノキオ」を事務室に引き上げるように指示、閲覧・貸出を禁止した。これに対して、直ちに、名古屋市立図書館の児童奉仕担当者会は児童奉仕担当司書を無視した今回の「回収」措置は納得できず、抗議した。また、市労組教育委員会事務局支部でも回収に抗議し、措置は職員集団の判断で行うべきであると図書館長側に申し入れた。図問研愛知支部は組合と共に抗議すると同時に11月28日図問研全国委員会に状況を報告。翌29日「（仮称）ピノキオ問題対策委員会」を設置して対応を協議することとなった。

プライバシーの保護などの場合を除いて、言論問題の討議のすすめ方としては『ピノキオ』の非公開は正しくない。それでは「検閲」になってしまい、国民にはどこが問題なのか判断するすべがない。

「洗う会」のアッピール要旨

小学館発行の「オールカラー版・世界の童話・第9巻・ピノキオ」をはじめ5種類の「ピノキオ」には、「身体障害者」を差別する内容がある。それは、「ピノッキオさん、金貨を盗んだことはあやまります。どうかどうか、おなさけをおかけください。あわれなねこときつねに、お金をめぐんでやってください」とあるが、なぜ、わざわざこのように書かなければならないのか。ここでは、「障害者」は危なくて、おそろしい人達、また、不幸でかわいそうな哀れむべき人達であるという、差別するこころを、小さな子どもたちにおしえこみ、植えつけてしまう。

図問研「声明」要旨

第一に、このアピールがいきなり回収を求めていることを重視。

「回収」措置は問題のある部分を目にふれさせないというやり方。まず回収してから検討するというやり方は間違い。不適当であり、また有害だとするならば、問題点を明確に指摘して、討論の中で当否をきめてゆくべきものと考える。主張者が自己の見解にもとづいて「差別図書」ときめつけ、図書館資料をふくめて（中日新聞記事）回

収をせまることは、まさに、言論に対する封殺行為であり、言論に対するファッショ的挑戦であって、民主主義の発展の上からも、これを断じて許すことはできない。[34), 35), 36)]

（以下略）

おわりに

図問研が1955年に創立して今年で63年になった。この間図書館界は大きな波にもまれ続けられてきた。

小論はその前段の30年の主立った出来事を中心にまとめてきた。出来るだけ文献を広く利用した。これは後世に図問研を研究する人が出る事を期待したものである。ここに利用した文献は全て日図協資料室に収蔵している。

現在、60年史編集委員会が図問研60年史の目録索引を作成中である。これが完成すれば60年の目録が件名で検索できるので後世の研究者には役にたつことと思う。小論がそのさきがけとしてお役に立てれば幸いと思う。

《参考文献》
1) 有山崧「破防法」『図書館雑誌』Vol.46（7）1952年7月号，p.47
2) 図書館雑誌編集委員会「図書館と中立についての討論を提案する」『図書館雑誌』Vol.46（8）1952年8月号，p.47
3) 木村武子・森崎震二「図書館問題研究会のあゆみ」戦後社会教育実践史・37『月刊　社会教育』1970年9月号，p.91
4) 石井敦「1950年代の図問研」『図書館評論』第21号，図書館問題研究会，1980年9月15日，p.5, 7
5) 3）に同じ　p.91
6) 『会報』1号 1955年6月号，p.1
7) 『図書館評論』創刊号，1956年12月20日
8) 『会報』69号　全国大会特集，1966年1月
9) 『会報』79号，1966年11月24日，pp.1-5
10) 『会報』81号，1967年2月6日，pp.4-6
11) 『会報』85号，1967年7月10日，p.6
12) 「討議のために 1967年、公共図書館発展のため　図問研は何をすればよいか──第6回委員会の討論から──」『会報』84号，1967年5月20日，p.7
13) 「第14回大会の記録──経過報告」『会報』87号，1967年8月18日，p.5
14) 『会報』93号，1968年5月11日，p.11
15) 『図書館評論』20号，1979年9月15日，p.82『会報』95号，1968年8月16日，p.11
16) 『会報』95号，1968年8月16日，pp.13-14
17) 『会報』100号，1969年5月22日，p.1
18) 『会報』122号，1971年10月　123号，71年11月
19) 『会報』128号，1972年4月
20) 『会報』135号，1972年12月19日，pp.1-38
21) 「第14分科会」報告『会報』104号，1969年12月10日，p.18
22) 「第2分科会・図書館政策」『会報』114号，1970年11月，p.5
23) 天満隆之輔「『学習権』を成り立たせるもの」『図書館評論』10号，1971年9月10日，p.1
24) 『会報』140号，1973年6月10日，p.1
25) 『陰山さん（荒川図書館）の不当配転闘争資料集　第1集』東京の図書館に司書職制度の確立をめざし、陰山さん（荒川図書館）の不当配転闘争を支援する会編集・発行，1974年1月，p.10
26) 調査報告書『図書館評論』第15号，1975年8月10日，p.8, 108
27) 調査報告書『会報』No.177，1976年9月28日，p.83
28) 『会報』157号，1974年10月14日，p.75『別冊　図書館評論』冬季（理論）集会の記録，1975年6月15日
29) 『市民』pp.131-139
30) 『会報』161号，1975年5月2日，p.121
31) 『会報』166号，1975年10月4日，p.86
32) 鈴木順子「予約制度の確立と"こどもの予約論争"」会報が語る図問研のあゆみ3『みんなの図書館』，1984年3月号，p.38
33) 小木曽真「『こどもの予約論争』は『選択論争』だった──会報が語る図問研のあゆみNo.3に対して──」『みんなの図書館』1984年5月号，p.56
34) 「ピノキオ」『会報』180号，1977年2月1日，pp.129-137
35) 『会員討議資料　ピノキオ問題に関する資料集　1977』図書館問題研究会
36) 図書館問題研究会愛知支部編『ピノキオ問題に関する資料集　第2集　1978』図書館問題研究会，1978年5月1日

図問研 60 年史関係年表

					図問研関係	
	図問研大会			会員数	事　項	
年度	回次	開催地	参加者数			
1955	1	大阪	24	49	結成大会・綱領決定	
1956	2	横浜	48	74	JLA から補助金	
1957	3	金沢	30	103	市町村から補助金獲得	
1958		（東京集会）	26		図書館大会後図書館養成所講堂で	
1958	4	片山津	17		大会・研究集会「戦後の図書館の歩み」	
1959	5	東京	27	129	事務局が石川から東京へ	
1960	6	京都	28		日図協「中小レポート」調査協力	
1961	7	犬山	13	142	日図協「中小レポート」調査協力	
1961	8	東京臨時	42		図書館大会後	
1962	9	志賀高原	?	199	日図協「中小レポート」調査協力	
1963	10	横浜	40		図書館員の基本的仕事とは何か	
1965	11	東京臨時	50	194	図書館大会後	
1965	12	鎌倉	40	274	再建大会	
1966	13	京都	55	322	全国大会に向けて合同会議	
1967	14	富山	66	397	貸出を相対的重点と位置づける	
1968	15	愛知	82	422	小石川調査 1 月 22 ～ 24 日	
1969	16	鎌倉	158	497	学習権理論の構築	
1970	17	穴水	117	597	大学図書館問題研究会発足	
1971	18	大阪	152	687	生野裁判（会報 128 号・9 月号）	
1972	19	御殿場	273	799	登録分布図作成（東京）	
1973	20	名古屋	265	969	荒川区陰山さん他配転提訴	
1974	21	富山	285	1,106	北上調査 74 年 6 月 2 ～ 4 日	
1975	22	明石	326	1,171	2 月第 1 回冬季理論集会開催	
1976	23	高知	172	1,229	英訳綱領『会報』76 年 9 月	
1977	24	東京	241	1,207	喜多方調査／76 年 6 月	
1978	25	蔵王	188	1,232	8 月『み』創刊、テープ版も	
1979	26	岐阜	235	1,257	78 年 10 月陰山提訴裁決	
1980	27	箱根	272	1,228	置戸調査／80 年 7 月 25 ～ 28 日	
1981	28	志賀島	252	1,346	「委託問題」「図書館事業振興法」討議	
1982	29	京都	321	1,506	政策「住民の権利としての図書館を」1982	
1983	30	蓼科	268	1,569	「中曽根臨調行革」と図書館討議	
1984	31	音戸	194	1,648	すべての町村に図書館を！	
1985	32	九十九里	221	1,677	学校図書館問題研究会発足	

図書館・出版関係	社会的事項
図書館員のメモ同好会発足	新村出『広辞苑』初版発行・岩波書店
日図協 42 回大会で自由宣言再確認	万国著作権条約日本国発効
アジア文化図書館落成式（三鷹）	チャタレー裁判最高裁判決（上告棄却）
日本点字図書館声のライブラリー発足	関門国道トンネル開通（初の海底トンネル）
日図協・参考事務連絡会を設置	東京タワー完工式
東京都公立図書館員懇談会発足	社会党・総評・原水協、日米安保条約阻止国民会議結成
東京都大田区立洗足池図書館長に森博	新安保条約成立／NHK カラーテレビ本放送開始
大阪市立中央図書館開館	三島由紀夫『宴のあと』プライバシー問題
京都ライトハウス完成	東ドイツ・ベルリンの壁構築
文部省補助事業農村モデル図書館開始	富士ゼロックス初の国産複写機を完成
『中小都市における公共図書館の運営』発行	出版販売倫理綱領制定／ケネディ大統領暗殺
図書館大会に羽仁五郎講演中止	家永三郎国に対して教科書裁判の民事訴訟を起こす
石井桃子『子どもの図書館』発刊	朝永振一郎ノーベル賞受賞
図書館大会で羽仁五郎氏の講演中止	中国文化大革命始まる
日本子どもの本研究会発足	佐藤首相非核三原則を言明
日図協・婦人図書館員調査委員会設置	米黒人運動指導者キング牧師暗殺
都立日比谷図書館長に杉捷夫就任	東京国立近代美術館フィルムセンター設置
東京都図書館政策「課題と対策」発表	日本書籍出版協会で「書籍コード」実施
日図協・大会で図書館記念日制定	成田空港公団と一坪地主が衝突
北九州市学校図書館司書 3 名解雇	連合赤軍浅間山荘事件／沖縄返還
日野市立中央図書館落成式・設計鬼頭梓	日本変動相場制に移行／金大中事件
日本病院図書館研究会設立	セブンイレブン 1 号店が江東区豊洲に開店
警視庁・都立中央図書館の複写申込書閲覧	ブックファクシミリ開発（電電公社）
住民図書館開館／ピノキオ問題	日本書籍出版協会『これから出る本』創刊
貸本文化研究会『貸本文化』創刊	日本書籍出版協会『書籍総目録』刊行開始
大田区大森南図書館病院サービス開始	新東京国際空港（成田空港）開港
日図協・「図書館の自由に関する宣言」改定	米・スリーマイル原発放射能漏れ事故
日図協総会で「図書館員の倫理綱領」承認	東京三鷹市に貸しレコード店第 1 号開店
三鷹にトイライブラリー開館	東京・中野区教育委員準公選告示
日図協・『図書館年鑑 1982』刊行	富士通「マイ・オアシス」発売ワープロ普及
おもちゃの図書館全国連絡会結成	商業用レコード貸与著作者権利暫定措置法公布
日図協・個人情報保護コンピュータ導入基準	「日経テレコン」提供開始
東京町田市で図書館協議会設置を請願	出版物の国際交換に関する条約発効

1986	33	田辺	226	1,710	早川幸子さん配転支援
1987	34	大洗	203	1,730	政策「わがまちわがむらに図書館を」
1988	35	岩国	230	1,707	コンピュータと資料提供
1989	36	北見	178	1,745	住民運動（地域づくり）と図書館
1990	37	蒲郡	247	1,799	「ちびくろサンボ」廃棄問題長野市へ申入
1991	38	三木	302	1,808	出版流通関係団体と協力申入れ
1992	39	秩父	312	1,821	広がる学校図書館運動
1993	40	松島	327	1,829	「調布市委託問題」でアピール
1994	41	箱根	297	1,766	ヤングアダルト研究会組織化決定
1995	42	倉敷	332	1,736	国会図書館利用記録押収問題アピール
1996	43	東大阪	340	1,702	東京 23 区司書職廃止
1997	44	銚子	284	1,698	「地方分権と図書館」討議
1998	45	花巻	207	1,652	大会「基調報告」の情勢分析等が「重要討議課題」となる
1999	46	船小屋	286	1,631	HP、メーリングリスト開設
2000	47	熱海	230	1,578	NPOと図書館問題について
2001	48	香川	311	1,598	『み』表紙の「国民生活と図書館を結ぶ雑誌」の標記が2001 年 1 月号からなくなる
2002	49	鬼怒川	189	1,550	
2003	50	雄琴	224	1,465	
2004	51	札幌	256	1,365	「指定管理」導入反対アピール
2005	52	高崎	170	1,284	『み』横書き編集となる
2006	53	斐川町	159	1,196	教育基本法案の廃案を求める決議
2007	54	大阪	268	1,133	教育基本法改悪下の図書館運営
2008	55	箱根	267	1,086	東京・練馬区貸出記録保存問題
2009	56	原鶴温泉	334	1,046	「市場化テスト」等に対するアピール
2010	57	草津	180	1,013	『みんなの図書館』400 号記念
2011	58	須磨	162	972	県立図書館の役割
2012	59	仙台	165	903	栃木支部結成
2013	60	指宿	244	873	『週刊朝日』10/26 記事大阪支部見解
2014	61	宇都宮	231	832	「特定秘密保護法案」反対声明

国際図書館連盟（IFLA）東京大会開催	書協、図書議員連盟に図書購入費増額要求
「図書館反核平和の会」発足	日販、45万点の出版情報をCD-ROMに集約
㈱書籍データセンター発足	「規制緩和推進要綱」閣議決定
日図協・「チビクロサンボ」問題シンポ	文部省新学習指導要領に君が代日の丸義務化
富山県立「86' 富山の美術」館内閲覧	ゴルバチョフソ連初代大統領に就任
日図協・会館問題特別委員会設置	文部省教科書検定で日の丸君が代を国旗国歌と明記
日図協・100周年記念式典、展示開催	『朝日ジャーナル』休刊
日本ビデオ協会公共図書館むけビデオ頒布	社全教大会「社会教育施設の民間委託反対」決議
「ユネスコ図書館宣言」改訂版発表	東京・中野区教育委員準公選廃止条例可決
地下鉄サリン事件に関連した官憲の調査	阪神淡路大震災／東京都知事に青島幸男氏
東京・特別区司書制度廃止で集会	日本社会党、党名を社会民主党に変更
日図協・図書館法13条3項について意見	「青空文庫」（インターネット図書館）公開
日図協・映像ソフト協会「了解事項」	長野冬季オリンピック
東京・「新日比谷図書館を考える会」発足集会	地方分権推進法成立
東京・東村山市設置条例に司書館長	公益法人への一般職派遣等に関する法律
東京・品川区立図書館定数18人削減	「個人情報の保護に関する法律案」国会提出
船橋市西図書館で図書廃棄問題	ブックスタート支援センターNPOで発足
文科省「学校司書教諭の発令」について	指定管理者制度（地方自治法改正）
日図協・書協貸出実態調査報告書発行	文化人による「九条の会」発足
東京都公立図書館協議会（東公図）解散	「文字・活字文化振興法」公布
「NPO共同保存図書館・多摩」発足	行政改革推進法成立／安倍内閣誕生
「図友連」等公立図書館の充実を知事会に要望	参院選で与党惨敗民主党躍進
都立日比谷図書館千代田区に移管「基本合意」	アイヌ民族は先住民族と国会決議
山口県図書館協会100周年	米大統領にオバマ氏就任
東村山市図書館協議会「指定管理」本質的に則さない	イチロー大リーグで10年連続200本安打
片山総務大臣指定管理「図書館になじまない」	東日本大震災／福島第1原発水素爆発
日図協ほか「芸亭院」開創1250年顕彰	国内の全原発停止／尖閣諸島国有化
映画「疎開した40万冊の図書」公開	第2次安倍内閣発足（2012年）／特定秘密保護法案可決
学校図書館法一部改正「学校司書」設置	青色発光ダイオード開発3人がノーベル賞

参考文献：『図書館年鑑』日本図書館協会、『近代日本公共図書館年報』日本図書館協会、『標準日本史年表』吉川弘文館

教育のなかの 学校図書館を考える
―――― わがまちの学校図書館づくりから

学びを広げる学校図書館・堺
代表

巽 照子
たつみ・てるこ

学校図書館法第1条には、学校図書館が「学校教育において欠くことのできない基礎的な設備」であると明記されている。そして、「その健全な発達を図り、もって学校教育を充実する」ことを目的に、この法がつくられたと述べている。しかし、「本があって、人がいて」この当たり前の、基本的なことが、わがまちの堺市の学校教育において長年置き去りにされてきた。2014年に学校司書が法律で位置づけられたことによって、私たちの運動にはずみがつき、また、学校図書館の活用のための「人」の配置について動きが出てきた。フィンランドのようにいかなくても、すべての子どもを見捨てない教育（学校教育と図書館）の在り方を探りたい。

1. フィンランドの子どものように学ばせたい 92
　1.1. 教員と司書はパートナー 93
　1.2. フィンランド図書館の方向性 93
　1.3. フィンランドの教育政策は 93
2. なぜ学校図書館づくりに取り組んだのか 93
　2.1. 日本の子どもの現状 93
　2.2. 学校図書館は 94
3. 学校図書館は図書館 94
4. わがまちの学校図書館づくり 95
　4.1. 「学びを広げる学校図書館の会・堺」の発足 95
　4.2. 例　会 95
　4.3. 取り組んだ事業、学習会、成果 95
　4.4. 2か月に1回の例会 96
　4.5. 市の学校図書館の現状は 96
5. これからの課題 97
　5.1. 公共図書館の児童サービスと学校との連携 97
《参考資料》 98

1. フィンランドの子どものように学ばせたい

　フィンランドの子どものように学ばせたいが、日本の今はすぐにはそうならない。しかしこれからの子ども一人ひとりが豊かに生き

るために、私たちは何をすべきか。支える力にしたいと、フィンランドに2011年6月28日〜7月4日まで子どもの育つ環境、特に教育環境について、公共図書館を中心に視察にいった。

1.1. 教員と司書はパートナー

フィンランドでは子どもたちは公共図書館を使い学習できる環境にある。日本のように学校図書館が必要でないと実感した。早くから市民参加型の自治体づくりの仕組みを国の法律として定めてきたフィンランドでは、「教育」に対する考え方も日本とはずいぶん違う。図書館が学校教育とともに人の成長を支える基本的な施設として位置づけられている。

1.2. フィンランド図書館の方向性

フィンランドは、生徒は学校から帰ったあとを地域や家庭で過ごす。生徒が地域で育ってゆくための生涯学習施設やその他機能が充分に整備されていて、学校生活とは別の人間関係を築く場所になっている。大人の労働時間も子どもの帰宅時間に近く 17 時には家族のもとに帰っているという。フィンランドの子どもから一人ひとりの人間の幸せを追求し、こうした状況のなかで、地域での生涯学習を保障し、文化を支え、市民が交流し、居場所となる施設として、図書館も新たな機能を付加しながら、それぞれに進化を遂げようとしているのを感じた。フィンランドでは、子どもを大切にし、子どもたちは「みずから自分のために学ぶ」姿勢を小さいときから育まれている。日々、楽しく、充実していて、未来に希望を持ち、自分で人生を創っていけるように生きていきなさいと言うわけである。学校教育・社会教育は国策であり、16 歳の中学校 3 年生まで、他人と比べるようなテストはなく、テストのために勉強することはない。それでいて、6 年から 9 年という長さで視ると、「学力世界一」と呼ばれるほどに学力は伸びている。図書館の年間貸出冊数が国民一人当たり 18 冊と高く、フィンランドの親は毎晩子ども（小学生くらいになっても）に本を読み聞かせするという。

1.3. フィンランドの教育政策は

年間授業日数は 190 日ほど（日本より 40 日ほど少なく世界最低）で、「普通の教育を普通にやる」としている。「自分で考え学ぶ」「自立していける力をつける」「みんなが学力をつける」の 3 つを主眼においた、すべての子どもを見捨てない教育である。

2. なぜ学校図書館づくりに取り組んだのか

2.1. 日本の子どもの現状

一方で日本の子どもたちをとりまく状況はどうだろうか。貧困が広がり、ファミコン、TV ゲームの人気、塾通いの低年齢化が進むなかで、学校教育の現場でも学級崩壊、不登校、いじめなどの問題が生じ、子どもとのコミュニケーションのありようが問われている。教師達と教育関係者たちの献身的な努力にもかかわらず、子どもは学年を追うごとに学ぶことの希望を失い、学びから逃走しているのではないか。今こそどの子にも学びが楽しくなる環境をつくる必要がある。楽しい本の世界に出会った子どもは前向きに人生を生きている（独立行政法人国立青少年教育振興機構の調査より）。そこに学びを支える条件のある学校図書館が見直されている。子どもだけでなく授業を創る教師にとっても、多様な資料が必要なはずだ。

2.2. 学校図書館は

「学校の教育課程の展開に寄与する」（学校図書館法第2条）とある。2014年6月20日に学校図書館法が改正され、学校司書が法制化された。そして、そこに専門性をもった「人」（学校司書）が学校図書館にいてほしい。"いない"より"まし"という安易な要求ではなく、学びを支える図書館サービスの理念をつかみ、それを具体的に発揮する知識や技術、能力をもっている、そのような専門的な力をもった「人」をこそ置いてほしいという期待が強まっている。学校司書には、子どもと本をつなぐ専門家としての仕事があるだけでなく、学校図書館がひとりの子どもにとって、ほっとする場、心やすらぐ場となっていると「人」の配置されている現場よりの声が届いている。

○すべての子どもに知る権利の保障を

子どもたちの教育格差が広がる中、家庭が図書館や本とは縁遠い場合でも、すくなくとも学校に行っている間だけでも、どの子も本に接する環境の中にいてほしい。家庭環境の相違による子どもたちの不平等をなくしたい。「すべての子どもが平等に良い本と出会ってほしい」。そんな想いの者が集まり、堺市の学校図書館について考え始めた。図書館は民主主義社会を支えるもっとも大事な機関である。知る権利を保障する場として、どんな状況におかれていても、すべての人が読みたいものを読み、知りたいことを知ることができるところである。学校図書館も図書館である。

3. 学校図書館は図書館

学校図書館のことを多くの学校では図書室と呼んでいる。それは学校図書館法ができてから法に基づいて機能してこなかったことの現実があるからだ。

学校図書館法には、第3条（設置義務）として、学校には、学校図書館を設けなければならない。とあり、第4条（学校図書館の運営）において、

学校は、おおむね左の各号に掲げるような方法によって、学校図書館を児童又は生徒及び教員の利用に供するものとする。

一　図書館資料を収集し、児童又は生徒及び教員の利用に供すること。

二　図書館資料の分類排列を適切にし、及びその目録を整備すること。

三　読書会、研究会、鑑賞合、映写会、資料展示会等を行うこと。

四　図書館資料の利用その他学校図書館の利用に関し、児童又は生徒に対し指導を行うこと。

五　他の学校の学校図書館、図書館、博物館、公民館等と緊密に連絡し、及び協力すること。

学校図書館は、その目的を達成するのに支障のない限度において、一般公衆に利用させることができるとある。そして、第5条（司書教諭）については、学校には、学校図書館の専門的職務を掌らせるため、司書教諭を置かなければならないとある。第6条（学校司書）については、学校には、前条第1項の司書教諭のほか、学校図書館の運営の改善及び向上を図り、児童又は生徒及び教員による学校図書館の利用の一層の促進に資するため、

専ら学校図書館の職務に従事する職員（次項において「学校司書」という。）を置くよう努めなければならないとなった。

　いつでも児童生徒・教職員からの求めに応じて求められる専門職員がいる状況をつくりだす。専門職員がいる学校図書館が「図書館」であることを証明している。専門職員が四半世紀の間活動している岡山市の実態からみても明らかである。

　学校図書館の運営と活動の主な内容とは何か。専門職として学校司書が位置づけられるためには、その「専門性」を明らかにし、より多くの人々と共有することが必要である。資料提供についての知識と技能を有する専門職員が、すべての学校に専任で配置され、多様な資料を収集し、さまざまな方法で知的好奇心を掘り起こし、資料提供を行う。教職員と協働して授業などの教育活動にかかわる。そうした学校図書館のはたらきがあってこそ、子どもたち一人ひとりを大切にした日常的な読書活動や、授業をはじめとした学校教育を支えることができる。

4. わがまちの学校図書館づくり

4.1.「学びを広げる学校図書館の会・堺」の発足

　2014年の4月に発足した。教員、地域で子ども文庫主宰、学校司書、堺市の図書館を考える会、子どもの本の読書会、保育士、お話しボランティア等々で活動している者がメンバーである。近隣の大阪市や岸和田市の学校図書館を考える会の人も2か月に1回の例会に参加している。村中李衣さんの講演会に参加した小学生と中学生の子どもを持つお母

さんもメンバーに加わった。

4.2. 例会（参考資料1）

　まず会員のよかった本の紹介から始まり、情報交換し、今、課題になっていることや取り組みたい事等々を出し合い、何から行動すべきか検討している。メンバーの娘さんがパン屋を始めたので支援のためのパンの試食会、購入といったことも加わり、それぞれの関わっているところでの映画会や催しのお知らせもある。会員が提供する情報は拒まない。

4.3. 取り組んだ事業、学習会、成果

　最初に取り組んだことは、私たちの思いをしっかり語り、多くの人々に伝えてくれ、実践してきた人、片山善博さんに堺市に来てほしいということになった。

　子どもの読書環境整備には学校図書館の充実が大切である。そこでまず、子どもの文化・育ち、地方自治という広い視野で捉え、図書館（学校図書館）について片山善博さん（元総務大臣）にお話しをいただいた。市長や教育長、議員も片山さんの話を聞きたいと言われたので、市長の日程に合わせる工夫や、教育委員会事務局、市会議員一人ひとりに参加のお願いにもでかけた。学校図書館のことを知らない市民の参加も多数あり、450人程集まった。

　その後議会ロビー活動でも会っていただける議員が増え、議会で毎回図書館、学校図書館の質問が出され、少しずつ前進している。私たちの活動も認知されてきた。政令指定都市10周年記念講演会にも片山さんが来られ、学校図書館の大切さを重ねてふれていただい

た。

それから、ボランティア活動の在り方について広瀬恒子氏（親子読書地域文庫連絡会）にお話しいただき、市民の役割について学んだ。私たちのそれぞれの関わっているボランティア活動を振り返り、竹山市長は「市民のボランティア活動に支えられ学校図書館はよくなっている」と常に言っていることもあり、本来のボランティアのあり方について学習している。

熊丸みつ子氏（幼児教育）に子どもとの関わり、コミュニティづくりについてお話しいただいた時は、自治会で子供会の役員や民生委員で構成されている地域の子育て広場の方々とつながった。

そして、四半世紀にわたり学校司書を配置して先進的な活動をしている岡山市の実践に学びたいと思い学校図書館司書の其輪純子さん（彼女は小学校に通っていた時に学校司書との出会いがあり、学校司書を職業として選んだという）に学校司書としての活動実践を学んだ。

学校司書を計画的に配置している神戸市の事例を担当職員阪本和子氏（子ども読書活動行政職員）から聞いた。

子どもたち一人ひとりになぜ読書が必要か。マスメディアに蝕まれている子どもたちを守るために、子どもの本の素晴らしさについて斉藤惇夫さん（児童文学者）に、村中李衣さん（児童文学者）には、夏休み「楽しく書こう読書感想文」のワークショップと「読みあい」についてお話しいただいた。村中さんから堺市内の百舌鳥小学校に低学年の時に在籍していたと聞き、校長先生に伝えると「ぜひ先輩として子どもたちにお話ししてほしい」

ということになった。

昨年は市長選挙の年でもあり、市長が市民の声を聴くタウンミーティングを各地で開催している中、「会」として市長をお呼びして懇談会を開催し、教育の中の学校図書館について懇談した。

4.4. 2か月に1回の例会

堺市総合福祉会館の2階の市民活動サポートセンターで行っている。ここは、無料で使用でき、コピー（一枚5円）、印刷機も使える。ここを拠点にできることは、活動を進めるうえでとても助かっている。議会への陳情書・要望書（参考資料2参照）を提出し、文教委員会を傍聴しながら、毎年陳述の機会も得てきた。

4.5. 市の学校図書館の現状は

9年前から研究校ということで、2中学校5小学校には専任の担当者（司書教諭または、司書）が配置されている。「会」が活動を始めた頃は129小中学校（研究校以外）には、「学校図書館サポーター」（有償ボランティア）を年間70回活用していた（1つの学校に2～3時間　週に1回～2回程度）。

2017年4月から中学校全校に2校に1人の割合で学校司書が（12時～16時30分までの勤務）配置された。

今年2018年4月からはさらに小学校に有償ボランティアの予算が増額された。有償ボランティアを小学校年間201回週5.7日の勤務に増やし（昨年は123回週3.5日）、中学校は2校に1人の学校司書が配置を継続し、有償ボランティアは51回週1.5日となった。

小学校には学校司書の配置にはならず有償ボランティアで賄うということである。「あるべき姿は、5か年計画にもあるように、子どもたちが学校にいる間は開館している。そこに人がいることにしたい」と教育次長答弁があったが……。

しかし、現実は学校司書の仕事に対する理解はまだまだ。ボランティアで補おうとしている。(**参考資料3 学校司書の現状**)

中学校に2校に1人の学校司書の配置は一歩前進と評価しているが、子どもたちは日々成長している。一日も早く、全小中学校1校に1人の専任の学校司書の配置計画をしてほしい。(**参考資料4 学校司書配置の中学校見学記**)

5. これからの課題

5.1. 公共図書館の児童サービスと学校との連携

公共図書館の職員と児童サービスについて語る教職員をふやしていきたい。

フィンランドに学び、研修機会を作り、支援用の資料をそろえ、そのサービスを広く宣伝して公共図書館の姿をみせていく。教職員とパートナーとなる方法を見つける。

なによりも、学校図書館に専門職員の1校に1人の配置の必要性を学校現場から声がでてくる岡山市のような職場環境を探る。

「会」として、メンバーに教職員の参加、図書館員の参加、ただいま子育て中の方々を増やしていく。

子どもにつながる人々とネットワークづくりをして、出会ってそれぞれの専門性を生かしてまちづくりに参加していく。

ただいまメンバーが堺市図書館協議会委員として参加しているので発言する機会も有効に使いたい。今年から予算化された子ども読書推進計画の策定委員についてもメンバーが参加できることを模索している。

なによりも私たち市民が本気になり、未来ある子どもたちのためになにをなすべきか。**〈参考資料5 子どもの読書活動に関わる法の動向〉**をしっかり把握して活動すること。

今年は緊急に平和憲法を守る行動もある。

《参考資料1　学びを広げる学校図書館の会・堺」　報告》

2018/3/16 pm6:00 から 8:00　2F

出席者　巽、吉田、清水、土屋、北田、古川、脇谷、木村、堤、田中、尾田、相原

1. 情報交換
『中学生になったら』岩波ジュニア新書　宮下聡著
4/22　中川なをみ講演会　北図書館

2. 報告・案内
　・綾南中学校学校図書館見学会　　1/26（金）
　　　別紙参照
　・2月12日から13日岡山県瀬戸内市
図書館問題研究会研究集会で「住民運動のなかでの学校図書館」について発表
図書館評論の最新号に記載される。

3. 「会」のこれからの活動
★　　学校図書館の概要、会のちらし作り
　・「学びをひろげる会」の理解と堺市の学校図書館の実情をお知らせする。
　・次回に（案）を考える
　・PTA の役員とつながりをもち、学校図書館のことを知らせていく。または、
　　PTA 主催の教育講演会の講師を紹介する。等々
　・教職員ともつながりたいが……。
★　　子ども夢基金助成事業←通知が
○　2018 年 8 月に「脳科学からみた子どもの発達と食の大切さ」神戸女子短期大学食物栄養学科　平野直美氏➡夏休みに
○　学校図書館の基本　　　飯田寿美氏
　・12 月頃

4.「堺市子ども読書活動推進計画　改定」について
　・来年度予算化されている。学校図書館が位置づけられるように見守り、要望していく。

5. その他

6. 次回日程
　　　2018 年 5 月 11 日（金）午後 6 時〜　福祉会館 2 階サポートセンター

《参考資料 2　陳情書》

陳 情 書

学校図書館の充実を求めます

平成 29 年 11 月 10 日提出

堺市議会議長
　野里文盛様

陳情者　堺市北区百舌鳥梅町 1-17-10-301
電話　072-257-2230
（携帯）090-7764-5386
学びを広げる学校図書館の会・堺
代表　巽　照子

　私たち「学びを広げる学校図書館の会・堺」は、子どもたちの学びを豊かに広げるために、「豊富な資料があって、子どもや教員に適切な資料を手渡していける専門的な技量をもった学校司書がいて、心安らぐ場でもある」そんな学校図書館の実現を望んでいます。今年度より中学校に学校司書が配置され、一歩前進と喜んでいます。

　子どもたちの学びを豊かに広げるために、図書館、学校図書館が機能し、より一層の学校図書館の充実・発展を願って以下のことを要望します。

記

1. 堺市立小中学校の全校に一校に一人の「学校司書」を配置してください。現在配置されている学校司書を「専任・専門・正規」化するための対策を講じてください。

　「学校図書館法の一部を改正する法律」が改正され、学校司書が位置づけられました。学校図書館の整備充実を図るうえでは、学校図書館の運営を支える専門的人材の育成と適切な配置が不可決かつ急務です。専門的能力を有した学校司書をフルタイムで配置する必要があります。
「堺市学校図書館運営方針」を実行在るものにして下さい。

　それでこそ投入した予算が生きてきます。子どもたちの学びが豊かになります。

　大阪府内では、豊中市、箕面市などが、早くから学校司書の全校配置を実現し、大きな成果をあげてきました。近年、政令指定都市である横浜市、神戸市なども学校司書を配置し、大阪市においても配置に向けた取り組みが進んでいます。

　現状の制度では不十分です。法律の趣旨に従って、学校司書の全校配置に努めてください。

2. 司書教諭の負担軽減を行ってください。

　司書教諭は残念ながら専任ではありません。学級担任等兼務をしつつ、学校図書館運営を行うことは不可能です。司書教諭がその職責を十分果たせるよう、担当授業時間の負担軽減を行ってください。司書教諭や学校司書の専門性を確保し教育水準の向上を図ることは必須です。

3. 学校図書館を充実させるための計画を策定し、公表してください。

　子どもたちの豊かな学びを保障するためには、学校図書館、学校司書が必要です。一気にできなくても、計画を立て少しずつ整備を進めていくことは可能だと思います。学校図書館整備計画を策定してください。そして、計画を公表してください。

4. 堺市子ども読書推進体制を確立し、一人一人子どもの学びと共に読書環境整備を進めてください。

　堺市子ども読書推進計画に堺市立小中学校の全校に一校に一人の「学校司書」を配置するための対策を講じてください。そして、学校司書配置計画を公表してください。

《参考資料3　学校司書配置率の推移》

2017.12.26　高橋恵美子作成

1　学校図書館全体（公立小・中・高）

表1：学校司書の状況（公立小・中・高全体）　％

	1954	1960	1974	1980	1995	2002	2005	2012	2016
配置率	8.3	15.1	16.2	18.6	21.3	32.3	36.6	50.3	55.8
公費		4.2	10.6	16.1	18.5				
正規				12.1	12.2	13.8			
常勤							14.1	14.9	16.4
有資格者	0.4	4.4	7	10.7	14.4			33.6	

①1954調査は文部省調査、1964・1974・1980・1995・2002調査は全国SLA調査、2005・2012・2016調査は文部科学省調査。調査対象に私立・国立学校が加わるのは2000年以降のため、公立学校の数値を使用。各調査については「学校司書配置率算出の基礎となる各種調査について」を参照。
②調査によって、公費・公費以外、正規・非正規、常勤・非常勤と調査項目の違いがある。
③公費・正規・常勤・有資格者の項目は、グラフ1を作成するために，公費雇用率・正規職員率・常勤職員率・有資格者率については、もとのデータの数値をさらに学校数で割って算出した。

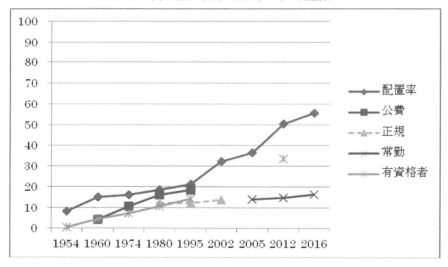

グラフ1：学校司書の状況（公立小・中・高全体）　％

①学校司書の配置率が全体として上がっている。
②有資格者率の数値は、1995年に正規職員率をはじめて上回り、2012年調査では常勤職員率の約2.3倍の数値となっている。

2 小・中学校

表2：学校司書の状況（公立小・中学校）　％

	1954	1960	1974	1980	1995	2002	2005	2012	2016
配置率	4.4	10.2	13.3	11	14.1	25.6	31.8	47.8	58.6
公費		2.3	5.4	8.8	11.3				
正規				5.3	5.1	6.4			
常勤							7.5	8.9	12.6
有資格者	0.2	2.8	3.4	4.5	7.8			30.6	

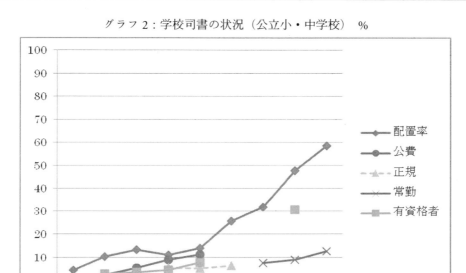

グラフ2：学校司書の状況（公立小・中学校）　％

① 1995年から配置率が上昇する。
② 2002年以降の配置率の急上昇は、1校1名ではなく、巡回型（1人が10校前後を担当する）、複数校兼務の配置が増えたことが大きい。文科省の「学校図書館の現状に関する調査」には都道府県別、小・中・高別の配置率の表があるが、配置率が急上昇した富山県、石川県などはその傾向が強い。
③ 小・中・高全体の表で、有資格者の配置率が1995年に正規職員率をはじめて上回る現象は、小・中で起きた現象であることがわかる。2012年調査では常勤職員率の約3.4倍の数値となっている。小・中学校の学校司書配置は、資格を必要とするが非常勤職員であるパターンが多いことがわかる。また②であげた巡回型の場合に正規職員のケースがみられる。

3 高校

表2：学校司書の状況（公立高校）　％

	1954	1960	1974	1980	1995	2002	2005	2012	2016
配置率	39.5	63	73.1	73.4	73	78	76.1	71	66.9
公費		22.7	48.4	68.8	70.4				
正規				61.2	63.3	64.8			
常勤							68.9	62	55.4
有資格者	2	19.9	47.1	54.6	61.2			58.4	

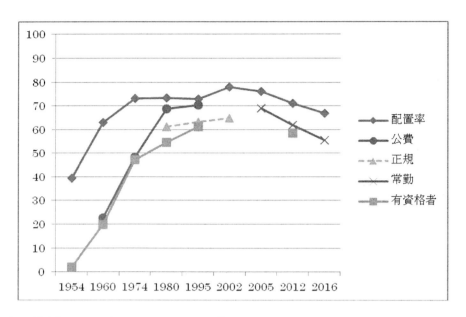

① 学校司書の配置率は2002年をピークに下がり続けている。
② 2016年の配置率は、1974年調査の数値を下回っている。ほぼ50年前の状況である。
③ 2005年以降の調査は文科省の「学校図書館の現状に関する調査」によるが、北海道・千葉県・兵庫県・広島県などの実習助手身分の学校司書がカウントされない傾向がある。以上の道県は当初の発表はほぼ0%だったり、調査の年により数値の変動が激しい。
④ 2016年の常勤職員率55.4%は、1980年の正規職員率61.2%を下回っている。

高校学校司書の動向
東京都：2001―学校司書新採用試験ストップ
　　　　2002―全日制・定時制各1名の学校司書を全定併置校1名にする見直し（全定併置校80校、80名分の定数削減）
　　　　2010―都立高校18校を民間委託
　　　　2017―都立高校185校中105校が民間委託
神奈川県：1999―新採用試験ストップ　　欠員校に臨時任用職員
埼玉県：2000―新採用試験ストップ　　欠員校に臨時採用　　2012―採用試験再開（3名）
長野県：2003―新採用試験ストップ　　2008―学校司書を民間委託にする動き
大阪府：2009―図書館専任の学校司書（実習助手）を廃止

　　　　　　　　　　　学校司書配置率算出の基礎となる各種調査について

1　全国SLA　学校図書館調査　毎年実施
　調査対象：全国の小・中・高校から都道府県ごとに3%無作為抽出
　　　　　　2017年調査は1,168校
　回収率：2017年調査　小学校45.3%　中学校54.1%　高校63.1%
　<u>3%抽出調査であること、回収率の2点から、信頼性は低い。文科省調査と比べると高い数値になる傾向がある。</u>
2　全国SLA全国悉皆調査（文部省委嘱調査を含む）
　1960　全国悉皆調査

調査対象：公立の小学校・中学校・高等学校
　　回収率：<u>69.2%</u>（下線は高橋が算出した数値）
　1974　全国悉皆調査
　　調査対象：国立・公立の小学校・中学校・高等学校・特別支援学校
　　回収率：71.5%
　1980　全国悉皆調査
　　調査対象：公立の小学校・中学校・高等学校・特別支援学校
　　回収率：小学校本校 77.5%　　分校 34.8%　　中学校本校 77.0%　　分校 22.3%
　　　　　　高校本校 87.6%　　分校 50.7%
　1995　文部省委嘱学校図書館及び読書指導に関する調査
　　調査対象：公立の小学校・中学校・高等学校・特別支援学校
　　回収率：小学校 96.3%　中学校 97.9%　　高校 95.6%
　2002　全国悉皆調査
　　調査対象：国立・公立・私立の小学校・中学校・高等学校・中等教育学校・特別支援学校
　　回収率：小学校 82.1%　　中学校 76.3%　　高校 75.0%　　特殊教育諸学校 39.8%
3　文部科学省（文部省）調査
　1954　文部省調査局統計課による学校図書館調査
　　調査対象：公立の小学校・中学校・高等学校・盲学校・ろう学校・定時制課程を設置する私立の高校
　1981　学校図書館の現状に関する調査
　　調査対象：公立小学校 12 分の1　中学校 10 分の1　高校 8 分の1　抽出調査
　1988　学校図書館の現状に関する調査
　　調査対象：公立の小学校・中学校・高等学校　<u>設問の不備等があり、公表された調査結果がない</u>
　1992　学校図書館の現状に関する調査
　　調査対象：公立の小学校・中学校・高等学校・特殊教育諸学校
　2002　学校図書館の現状に関する調査

《参考資料4　学校司書が配置された陵南中学校見学記》

陵南中学校図書館を見学して

　昨年、4月から全中学校の学校図書館に学校司書が配置された。（一人2校担当）どのように活用されているのか、地元の陵南中学校に見学に4人（尾田、清水、吉田、巽）で出かけた。東校長はじめ、中井先生（国語担当、司書教諭）、芝生さん（学校司書）にお話しを伺った。

　学校図書館は、校舎に囲まれた1階に独立館として設置されていることに皆感激。正面の石碑には、「城の山記念図書館」と書かれており、歴史を感じた。ここは元府立大学教育学部があり、中学校は百舌鳥支援校の向こうにあったとのこと。<u>1959年（昭和34年）</u>に移転。その後耐震対策もし、学校図書館として活用している。

　図書館は、お昼休みで、生徒が30人位いた。くつろいだ様子で、多くの生徒は、漫画を読んでいた。

とても静かに休み時間明けまで過ごしていた。予鈴のチャイムがなると、ほとんどの生徒は、席を立ち（椅子をきちんと入れて！）すっと教室に向かう姿に感心。中には、全部読み切れない生徒はしばらく、棚から離れがたく立ち読みをしていたが……。漫画は貸出していないためだろう。

学校の方針は、「朝読」「挨拶」「茶の湯」で、茶の湯は授業にも取り入れている。朝読は平成20年推進事業が始まったあたりから始まり定着している。担任の先生もその時は一緒に本を読む。好きな本を持ってきて読んでいるそうだ。その時間は、本当にみんな静かになると東校長が誇らしく説明してくれた。

現在の蔵書はおよそ1万冊で、図書館から学級文庫に40冊選んで届ける。（その冊数は入っていない。）目標は1万6000冊。来年に、各学級文庫に「きみたちはどう生きるか」を1冊ずつ入れる予定。スチール書架であるが、蔵書は整備されて、見学者の私たちも読みたい本がいっぱいあると感じた。生徒に役立つ情報を届けたいと古い本は破棄したと司書教諭の中井先生が言っていた。

学校司書の芝生さんの勤務日は、水曜日、金曜日　12時〜16時半まで。火曜日と木曜日には、サポーターの方が来ているとのこと。中井先生と学校司書の芝生さんの連携でいろいろと工夫している。

◎授業で使う本を、中井先生が前もって指定して、司書が用意をしておく。
◎2年生が修学旅行で「平和学習」が必要となり、行く前に学習としてそろえておく必要があった。それで、'戦争、平和'の本にシールをつけ、取り出しやすいようにした。また、窓際には長崎市や原爆などのパネルが並べられていた。

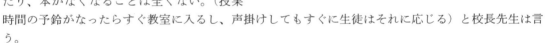

◎'いのちの本'のシールも本と棚につけて、分かりやすくしてあった

・団体貸し出しは、必要とあれば、管轄の北図書館にお願いして、車で運んでもらえるので、助かるとのこと。
・生徒は本を大事に使う。いたずらに本を傷めたり、本がなくなることは全くない。（授業時間の予鈴がなったらすぐ教室に入るし、声掛けしてもすぐに生徒はそれに応じる）と校長先生は言う。

司書教諭の図書館に寄せる熱い想い、そこに学校司書も寄り添い答えていく力。校長は学校図書館の経営責任者として目標を持っている。三人からのお話しを聞き、やはり「人」が要であると感じた見学会だった。本来の調べ学習に役立つ学校図書館は、やはり生徒が学校にいる時間に学校司書が勤務し、司書教諭や担任や専科教員も活用し、連携により学習環境が整い、子どもたちの力を伸ばすことにつながっていく。

子どもたち一人ひとりの豊かな学びと育ちには、さらなる学校図書館の充実が必要だ。一日も早く一校に一人配置されることを願う。

芝生司書に百人一首のことを尋ねていた

「学びを広げる学校図書館・堺」巽

《参考資料5　子どもの読書活動に関わる法の動向》

2001 年　子ども読書活動の推進に関する法律が議員立法で制定された。
2003 年　11 学級以上に司書教諭が発令
2006 年　教育基本法改定
2007 年　学校図書館整備 5 か年計画

①教育をめぐる動き

　2017 年 2 月 7 日、「義務教育諸学校等の体制の充実及び運営の改善を図るための公立義務教育諸学校の学級編制及び教職員定数の標準に関する法律等の一部を改正する法律案」が閣議決定。

②国の政策

2016 年 12 月 16 日　文科省は「『デジタル教科書』の位置付けに関する検討会議　最終まとめ」を公表。

2016 年 12 月 21 日　中央教育審議会（以下中教審）は「幼稚園、小学校、中学校、高等学校及び特別支援学校の学習指導要領等の改善及び必要な方策等について（答申）」を取りまとめた。指導要領の改善の方向性として、「社会に開かれた教育課程」の理念のもと、子どもたちに新しい時代を切り拓くのに必要な資質・能力を育むために、①学習指導要領の枠組みの見直し（「学びの地図」としての枠組づくりと、各学校における創意工夫の活性化）、②教育課程を軸に学校教育の改善・充実の好循環を生み出す「カリキュラム・マネジメント」の実現、③「主体的・対話的で深い学び」の実現（「アクティブ・ラーニング」の視点）の 3 点を提示。また、「特別活動の充実を図るためには、『チームとしての学校』の視点で、（中略）司書教諭・学校司書などが、それぞれの専門性を生かしながら学校全体で取り組む（中略）ことが重要である」と言っている。

2017 年 1 月 19 日　中教審教育振興基本計画部会は「第 3 期教育振興基本計画の策定に向けた基本的な考え方」を取りまとめる。その中で、「II. 今後の教育政策に関する基本的な方針」の「5. 教育政策推進のための基盤を整備する」具体的な取組例として「学校図書館の図書整備・新聞配置・学校司書の配置拡充」が記載されている。

2017 年 3 月 31 日　政府は戦前・戦中の「教育勅語」を学校教育で使うことについて、「憲法や教育基本法等に反しないような形で教育に関する勅語を教材として用いることまでは否定されることではない」との答弁書を閣議決定した。

2017 年 4 月 28 日　文科省は「教員勤務実態調査（平成 28 年度）の集計（速報値）について」を公表。

2017 年 5 月 11 日　「地方公務員法及び地方自治法の一部を改正する法律」が成立し、2020 年 4 月 26 から施行される。

2016 年 7 月 27 日　文科省は「平成 28 年度教育委員会における学校の業務改善のための取組状況調査結果」を公表した。教員が子どもと向き合える時間の確保等を目的として、学校現場における業務改善の一層の推進に向け、教育委員会の取組状況調査をとりまとめたもの。この中で、「B(3)-3-3　業務の部分的な外部委託の活用について」で、「具体的方針、目標を明確化した場合の対象となる業務」に、「図書館運営」が含まれている。

2017 年 3 月 31 日　文科省は「文教施設（スポーツ施設、社会教育施設及び文化施設）における公共施設等運営権制度の可能性と導入について」の最終報告を公表。

2017 年 4 月 26 日　厚生労働省は「新たな自殺総合対策大綱の在り方に関する検討会報告書（案）」を公表。「若者の自殺対策の更なる推進」として、「SOS の出し方教育」「スクールカウンセラー等の配置」、「ICT も活用した若者へのアウトリーチ策強化」、「居場所づくり」を挙げている。

③学校図書館をめぐる動き

　文科省が設置した協力者会議は、2016 年 10 月まで会議を開催した。また、協力者会議の下に「学校司書の資格・養成等に関する作業部会」（以下、作業部会）を設置し、学校司書の資格・養成等の

教育のなかの学校図書館を考える　July 2018 — 105

在り方について検討した。

2016 年 10 月 4 日、日本図書館協会は学校司書の資格・養成・研修についての考え方を、「学校図書館職員問題検討会報告書」にまとめ公表。

2016 年 10 月 20 日、協力者会議が、「これからの学校図書館の整備充実について（報告）」を公表。

2017 年 4 月から、「第 5 次学校図書館図書整備等 5 か年計画」が開始。学校司書配置費が 5 か年計画に新たに位置付けられた。小・中学校におおむね 1.5 校に 1 名程度配置することが可能な財政規模としている。

『図書館評論』掲載要綱

1) 原稿は、原則として未発表原稿とし、図書館に関する論文、研究ノート、レポート、調査報告、海外動向などを中心にオリジナルなものであること。また、海外文献の翻訳も原稿として認める。

2) 提出先：〒101-0061 東京都千代田区神田三崎町 2-17-9 マルヨシビル 201
　　図書館問題研究会『図書館評論』編集部
　　　メールアドレス：tmk55@tomonken.sakura.ne.jp

3) 上記に到着の日を原稿受領日とする。

4) 著者校正は初校のみとし、字句の修正以外は原則として認めない（各号、締切前入稿者について）。

5) 掲載原稿、図、表、写真等は原則として返却しない。

6) 謝礼として掲載誌を 1 部贈呈するが、抜き刷りの提供は行わない。

7) 原稿は下記の要領で執筆するものとする。

　1　原稿は印字原稿または電子原稿とする。横書きの完全原稿とし、長さは図、表、写真等を含め 10 ページ（20 字 × 70 行で 1 ページ）以内とする。ただし、依頼原稿及び講演記録については、この限りではない。

　2　手書き原稿、点字原稿を希望する場合は編集部に相談すること。

　3　印字原稿はプリントアウトしたものと、CD-R を提出する。ソフトはテキストファイル、またはマイクロソフト・ワード

　4　電子原稿は前期ソフト、または PDF を電子メールで送付する。

　5　本文の前に標題及び著者名（フリガナ併記）、所属機関名、原稿の要旨（400 字以内）を記載する。

　6　漢字は常用漢字で、かなは現代かなづかいとする。

　7　句読点は、テン（、）およびマル（。）を用い、文中の引用は「　」の中に入れる。なお、いずれも 1 字分とする。

　8　数字は引用文および慣用的な漢数字の表現以外は半角洋数字とする。
　　　　　漢数字を用いる例　　数百人、何千年、第三者、二者択一、四分五裂。

　9　外国の人名や地名は原則として慣用呼称をカタカナ書きにし、よく知られているもののほかは、初出の箇所にその原綴りまたはローマ字標記を丸カッコに入れて付記する。

　10　図、表、写真等は別紙とし、図版番号と、説明を必ず入れ、原稿の右欄外に図 1 のように示す。なお、編集の都合で、図、表、写真等を本文末尾にまとめる場合がある。

　11　文中ゴシック体（太字体）とするものの下には＿＿を、欧文でイタリック体（斜体）にするものの下には＿＿を引く。

　12　本文中の書名、誌名は『　』に入れ、欧文の場合はイタリック体とする。また、雑誌論文名、記事名は「　」に入れる。文中の引用文は「　」の中に入れ、また引用文が長いときは改行し、本文より 2 字下げて記す。

　13　原則として引用文献などは脚注とせず、本文中の該当箇所の右肩に通し番号を付し、本文末尾に「注」としてまとめて記入する。（脚注を希望する場合には、編集部まで相談すること）

　14　文献の記述は、下記の例にならい記載する。

　　　単行本　（和）　著（編）者『書名』出版社, 出版年, 頁数
　　　　　　　（欧）　著（編）者　書名（イタリック体）. 出版地, 出版社, 出版年, 頁数
　　　雑誌　（和）　著者「論文標題」『雑誌名』巻（号）数：年月, 頁数
　　　　　　（欧）　著者"論文標題"雑誌名（イタリック体）巻（号）数：年月, 頁数

（2017 年 6 月 25 日改定）

図書館評論　第59号

2018年7月1日発行
定価:本体1,450円＋税

編集・発行／図書館問題研究会
〒101-0061　千代田区神田三崎町2-17-9　マルヨシビル201
電話　03 (3222) 5030
FAX　03 (3222) 5034
振替　00120-8-45365

発売／教育史料出版会
〒101-0065　千代田区西神田2-4-6
電話　03 (5211) 7175
FAX　03 (5211) 0099
振替　00120-2-79022

制作／京屋
表紙イラスト／©髙橋卓也

ISBN978-4-87652-541-6　C3400　¥1450E

障害者OK　学校教育OK
利用の際は必ず下記サイトを確認下さい。
WWW.bunka.go.jp/jiyuriyo

この資料を直接読むことに障害のある人々のために録音及び拡大写本の複製を認めます。但し、営利を目的とするものを除きます。なお、複製する場合は事務所に連絡して下さい。
図書館問題研究会